辺境遊記《へんきょうゆうき》

田崎健太・文　下田昌克・絵

英治出版

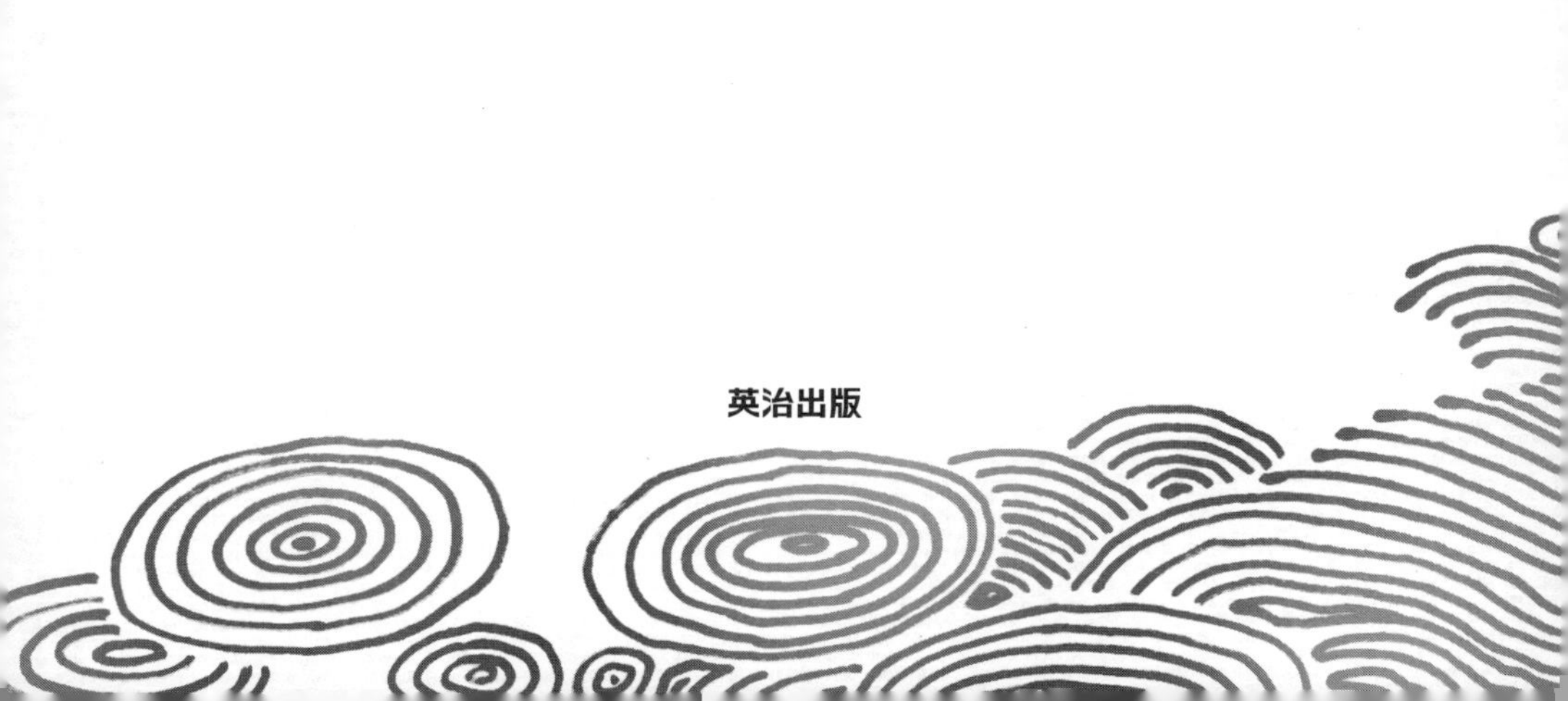

アートディレクション・デザイン
山下リサ
(niwa no niwa)

辺境遊記　目次

地球は小さくなっている、と思う。

もう何十年も前からぼくたちは地球の裏側まで一日で行けるようになった。飛行機でひと眠りするとそこはニューヨーク、ロンドン、パリ……ちょっと遠い郊外に出かける感覚だ。そして目にするのは、高層ビル、多国籍企業の看板、足早に通り過ぎる人びと。情報技術、グローバル経済の発達は世界の風景を同じ色に塗りつぶしている。

もちろんこれは時代の流れであり、ぼくたちはその恩恵を被ってきた。

ただ、ちょっと寂しい気がするだけだ。

そんな流れの中、取り残されている土地がある。

例えば——

大国アメリカの影に輝くカリブ海の真珠。

二四時間以上、船に揺られなければ辿り着かない「東京都」。

日本にもっとも近い欧州に埋もれつつある朝鮮人の歴史。

新興国インドで繁栄から置き去りにされた異民族の村。

東京からおおよそ丸一日以上かかるような交通の便の悪い場所には、消えかけている、何かが残っているように思う。

さあ、出かけよう。少々不便で、素敵な場所へ。

ぼくはそれを辺境と呼ぶつもりだ。

第一章　カリブに浮かぶ不思議の島…キューバ

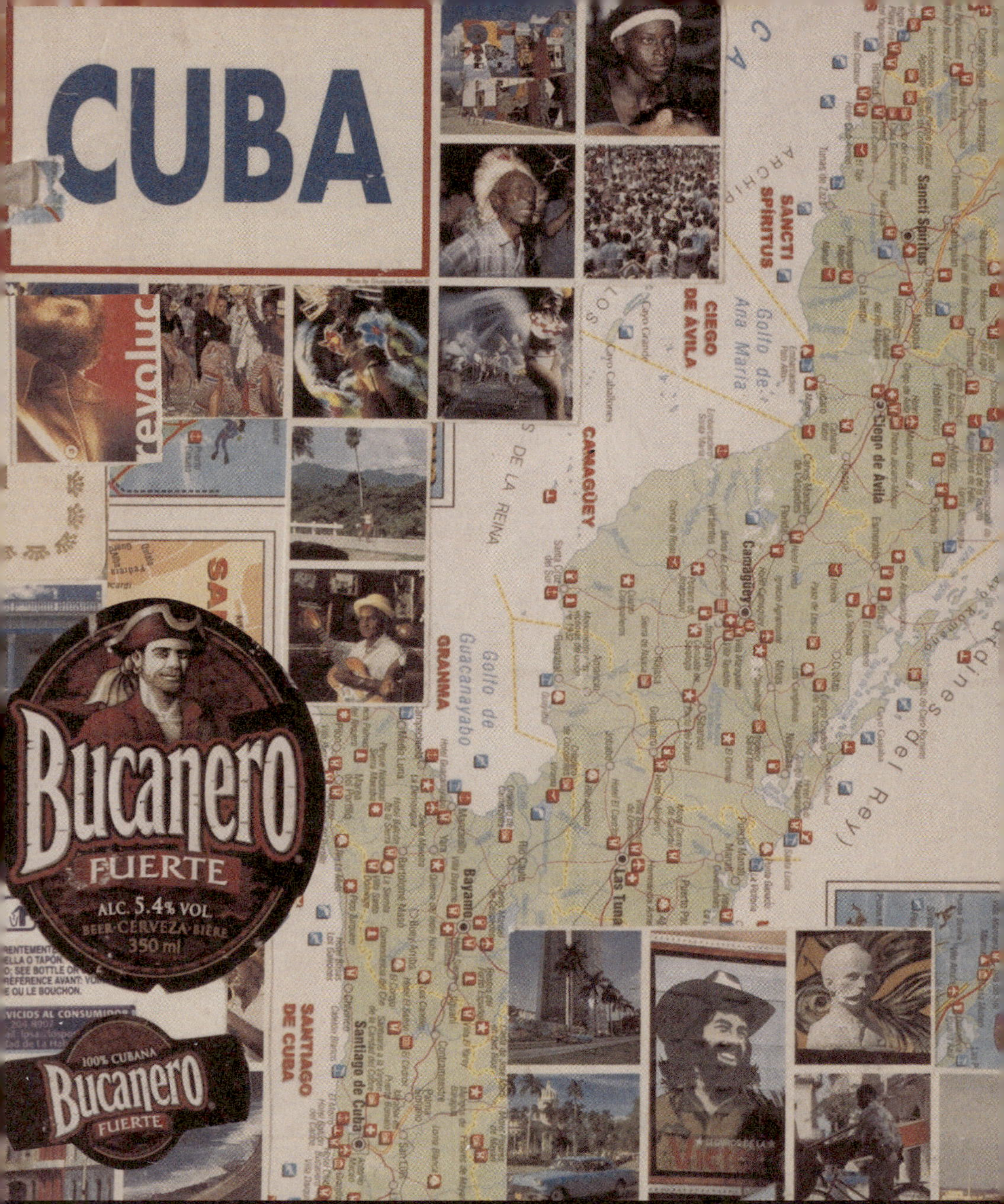

2007.oct CUBA

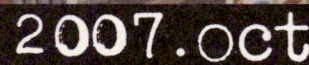

del Morro
Cuba
MAR CARIBE
Esta es la tierra más hermosa
que ojos humanos han visto.
VENCEREMOS
de Cuba
CIEGO MONTERO
AGUA MINERAL
AGUA MINERAL NATURAL
NATURAL MINERAL WATER
EAU MINÉRALE NATURELLE
Cloruros (Cl) / Chlorides (Cl) / 22.0
Calcio (Ca) / Calcium (Ca) / 112.0
Magnesio (Mg) / Magnesium (Mg) / 3.0
Análisis practicado por el Instituto de
Nutrición e Higiene de los Alimentos de Cuba
Analysis carried out by Instituto de
Nutrición e Higiene de los Alimentos de Cuba
Analyses effectuées par Instituto de Nutrición
e Higiene de los Alimentos de Cuba
Bajo contenido de Sodio.
Low Sodium content.
Faible teneur en Sodium.
CIEGO MONTERO
AGUA MINERAL
AGUA MINERAL NATURAL
NATURAL MINERAL WATER
EAU MINÉRALE NATURELLE

「お前は、ハバナを気に入ったっていうのかい？」

オマルは白い歯を出して笑った。車の中には強い太陽が差し込んでいた。光に目がくらんでしまい、黒い肌のどこに鼻や目があるのか、わからない。口を開けたときに見える白い歯で、顔の位置を確認することができた。

オマルと出会ったきっかけは、この国でよくある「偶然」である。

レンタカーを借りてハバナから東に向かうと、すぐ道に迷った。

キューバの道路は不親切だ。設置してある標識の数は極めて少なく、見にくい。本気で道を教える気があるとは思えない。地元の人間は道を知っているわけで、不慣れな外国人のために、わざわざ標識を作る必要はないと政府は考えているのかもしれない。

標識の代わりが、通行人である。

キューバの主たる移動手段はヒッチハイクと言っていいほど、道ばたには人が立っている。曲がり角で速度を緩めて道を尋ねると、オマルは当然のように後部座席の扉を開けて車に乗り込んできた。

旅に出たからには、できるだけ多くの人から話を聞きたいと思っていた。オマルは、キューバで最初の話し相手となったのだ。

「ハバナほど魅力的な街は、世界中を探してもそうないと思うよ」

ぼくが答えると、おかしそうに笑った。

「どこが？」

「海沿いのマレコン通りに立ち並ぶ古い建物は美しいよね。堤防にぶつかった波が、道路に白い水しぶきを上げる様を見たとき、ぼくはハバナが好きになったよ」

残念なのは、建物の保存状態が悪いことだった。手すりや窓枠など細かなところまで装飾が施された、スペイン植民地時代のコロニアル風建築物は、雨風に晒《さら》されていた。塗装は剥げて、表面が崩れ落ちている建物も少なくなかった。

「俺はハバナで生まれた。確かに、ハバナの街並みは悪くない。外国人が眺めながら通り過ぎるのは最高かもな」

オマルは口の端を上げて、笑った。

「キューバのことが嫌いなんだ?」

「嫌いじゃない、大嫌いだ」

「『ブエナビスタソシアルクラブ』を知っているだろう?　日本でも流行っていた。みんな、ここが音楽の楽園だと思っているよ」

九九年、ドイツ人監督のヴィム・ベンダースは、ギタリストのライ・クーダーがキューバを旅して、年老いたキューバのミュージシャンと演奏をする音楽映画を制作した。そのフィルム『ブエナビスタソシアルクラブ』には、キューバの美しい風景と良質の音楽が焼き付けられていた。

ふんと、オマルは鼻で笑った。

「音楽よりも俺たちに重要なのは日々の暮らしさ」

オマルはハバナ郊外の工場で溶接工をしていた。一カ月七〇〇ペソの稼ぎにしかならないと嘆いた。

「七〇〇ペソとはもちろん、俺たちのペソでな」

キューバには二つのペソが流通している。キューバ人が使うのが普通のペソ、外国人が使うのは、兌換ペソ。公式には二つのペソは等価であるとされているが、実際は二五ペソでおおよそ一兌換ペソになる。

このとき、一兌換ペソは約一五〇円だった。オマルの給料は約二八兌換ペソ、日本円に換算すれば約四二〇〇円にしかならない。

「お前たちの国とは比べものにならないほど安いはずだ。もっともこの国には配給制度があるから、生活必需品は安く手にはいる。質は良くないがな」

「キューバの平均月収はどのくらい?」

「だいたい一九〇ペソぐらいじゃないかな」

「平均から見ると、君の収入は悪くない」

「まあな。でも、今は仕事がない。自宅待機させられているんだ。給料の五〇パーセントが保証されているだけだ。とにかく俺はこの国を出たい。アメリカでも、カナダでもいい。この国でなければ、どこでもいい」

暑い日だった。道ばたで、女性たちは色とりどりの原色の傘を差して、ヒッチハイクする車を待っていた。

「こんな話を知っているか?」

オマルは、女性たちを指さした。

「若くて綺麗な女が一人立っていたので、男は車を止めた。女は車の扉を開け、すぐさま

後ろを向いて手招きした。そうすると木陰から、男や老女など家族がぞろぞろとついてきたというんだ」

「若い女の子で釣るわけだね」

その通りとオマルは笑った。

女性一人でヒッチハイクができる国は、世界でも限られている。

「ここでヒッチハイクは生活に欠かせない。政府の奴らは燃料節約のためにヒッチハイクを勧めている」

「治安がいいからできることだね」

「ああ」

キューバのことを褒められるとオマルは気に障るようだった。

「政府が強い力を持っているんだよ。当然だろう」と吐き捨てるように言った。

キューバの車窓から見える風景がほかの国と違うのは、道路標識が少ないだけでない。日本やアメリカの道端には、多くの広告看板が建てられている。この国では革命をたたえる文句が書かれた看板を時折り見かけるだけだ。草原の中を走っていると、同じ風景が続くので、どれだけ走ったのかわからなくなる。

「日本では、フィデルはどう評価されているんだ」

ぼくのビザが出発ぎりぎりまで出なかったのは、この国の最高指導者である、フィデル・カストロの病状が悪化していたからだった。一週間ビザの申請が遅ければ、発給されない可能性もあったと大使館の人間から教えられた。


「石鹸くれ。俺の鶏を見てくれ。お前、俺を描くの？

金をくれんのか。写真？じゃあ金をくれ！」

「ほかの日本人の考えはわからないけれど、ぼくはフィデルを理想主義者だと考えている」

「理想主義者か。もっと正確な言葉を教えてやるよ。奴は嘘つきだ。口はうまいが、約束を実行したことがない」

その先で止めてくれ、とオマルは指さした。車から降りると草原の中を歩いていった。


《今日のシェンフエゴスは、この国の産業の中心地の一つである。一三万五〇〇〇人の住民の多くは、白い肌で碧い目にブロンドの髪の毛をしている。彼らは、この街をフランスが統治していた時代に移民した人びとの子孫だ。

港は一九七〇年代初頭に作り直された。街の北にある砂糖輸出ターミナルは、世界最大の施設と言われている。キューバの冷凍エビの輸出もこの街を拠点にしている》

シェンフエゴスは、ぼくの持ってきたガイドブック『lonley planet』にそう書かれている。

ぼくは、どこかへ行くとき、鞄の中にロンリープラネットを放り込んでいる。情報がどうこうよりも地図が正確だ。予想していた通り、ハバナの本屋ではまともな地図を見つけることができなかった。ロンリープラネットの地図が貴重なドライブマップとなっていた。

キューバは、右側が少し下がった細長い島であり、シェンフエゴスは真ん中よりも少し左側に位置している。街は海沿いにあり、碁盤の目に道が走っていた。商業都市のようであったが奇妙なほど静かで、車はもちろん、人通りも少なかった。

着いたときには昼食の時間になっていた。ゆっくりと車で街を流してみると、食事をできそうな場所はほとんど見あたらない。

少ない選択肢の中から、中庭のある古いレストランに入ることにした。天井が高く、雰囲気は良かったが、見かけだけだった。ポークピカタのような肉料理は、衣は水っぽく、肉は固いうえに味がない。

不味いだけでなく、どうすればこれだけ時間がかかるのだろうと首をひねるほど、料理が出てくるのが遅かった。隣のテーブルでは、外国人観光客らしい男がナイフとフォークを持って困惑した顔をしていた。食べ物が残っているにもかかわらず、ウエイターが皿を引き上げようとしたのだ。皆、仕事熱心ではなく、自分の仕事を早く片付けたいようだった。

ぼくのテーブルに料理を運んできたウエイトレスは、長身の黒人だった。この国の女性は丈の短いスカートを好んで履く。この店の制服も、黒く身体にぴったりとしたミニスカートだった。

ウエイトレスはほかの従業員と比べて、飛び抜けて長く綺麗な足をしていた。ぼくは履いている黒いストッキングの模様が気になった。ところどころ黒い渦巻き状の柄がついていた。その柄の場所は大きさもばらばらだった。

横を通ったときに目をこらしてみると、模様だと思ったものは、体毛だった。ストッキングの中で毛が渦を巻いていたのだ。よく見ると、顔にもうっすら口ひげが生えていた。この国の太陽は、女性の体毛を急速に成長させる力を持っているのかもしれない。

ぼくは完全に食欲を失った。味のしない肉片を半分以上残して、フォークとナイフを置いた。ウエイターは、すぐさま駆け寄って来ると、素早く皿を下げた。

Celia

街外れにあるガソリンスタンドで給油していると、サングラスを掛けた男が、車に乗せてくれないかと頼んできた。確実に車が止まるガソリンスタンドで待っているとは、考えたものだ。

色あせた赤い半袖のTシャツにジーンズという格好をしており、道でヒッチハイクをしている人よりも、多少お金を持っている感じがした。

「どこまで行きたいんだ?」

「カシルダ。トリニダーに近い漁村だ」

今夜は世界遺産になっているトリニダーで宿を探すつもりだった。

「いいよ」

ぼくは後の扉を指さした。男はファン・カルロスといった。漁師だという。

「昔は政府系の企業で、ロブスターを捕っていた。ロブスターはバラデロの工場に運ばれてカナダに輸出されるんだ。フィデルの外貨獲得政策の一つだった」

漁師とは、もっと日焼けして無骨な男がやるものだと思っていたので意外だった。

「漁師にも色々いるんだ。今は、個人でやっている」

「そんなこともできるのかい?」

「年間決められたお金を政府に払えばいい。一人でやった方がずっと儲かるんだ」

「自分の船を持っているの?」

「ああ」

アーネスト・ヘミングウェイの『老人と海』が頭に浮かんだ。船を見せてほしいと言うと、ファン・カルロスは少し考えてから頷いた。

昼食はどこで食べたのかと尋ねられたので、先ほどのレストランの名前を言った。まったく美味しくなかったうえにすぐに皿を引き上げようとするんだと付け加えると、ファン・カルロスは笑い出した。

「社会主義の国では、人にサービスする風習があまりないんだ。ただ自分の仕事を粛々と終えることしか考えていない。当然だろ。客が入ろうが入るまいが、給料は変わらないんだから。店が流行ってもみんな国の財布の中に消えるのさ。ところで……」

ファン・カルロスはぼくの顔を見た。

「今晩の宿は決まっているのか」

「いや」

「どこに泊まるつもりなんだ」

トリニダーに泊まるつもりだと言うと、大げさに首を振った。

「あそこは高いだけでろくな宿はない。うちの近くの宿はどうだ。俺が話をつけてやる」

「とりあえず着いてから考えるよ」

「絶対に俺の知り合いのところの方がいいぜ」

ファン・カルロスは、自分が多くの旅行者にその宿を紹介して感謝されたという話を始めた。俺は英語もできるから、世界中に友達がいるのだと自慢した。

その顔を見ていると、本当に漁師なのだろうかと思った。

カシルダはトリニダーから数キロ離れた港町だった。海沿いに粗末な家屋が並んでおり、その奥が港になっていた。

「君の船はどこにあるんだ」

「そんなに慌てるなよ。車はこの辺りに止めて、少し歩こう」

雲一つない青い空だった。少し歩いただけで汗が流れ出してきた。気温は三〇度を軽く超えているだろう。シェンフエゴスで人が歩いていなかったのは、日中の太陽を避けるためなのかもしれない。立っているだけで倒れそうだった。

金網の向こうに何十隻もの小さな漁船が停泊していた。どの船も、色を何度も塗り直した跡があった。ペンキの剥げが目立つ船も多かった。

太陽を手で遮りながら、ファン・カルロスに尋ねた。

「君の船はこの港に停泊してるんだよね？」

「そう」

曖昧に頷いた。

「入り口は向こうだから、ちょっと待っていてくれ」

OLOUR
T.GREY/RED
BLACK/GREEN
lima limón
CUBA

CIEGO MONTERO
orange
CUBA

しばらくして、ファン・カルロスは首を振りながら戻ってきた。

「鍵がかかっていて、中に入れないんだ」

「君の船があるのに、入れないなんておかしいじゃないか」

「そうなんだけれど、駄目なんだ」

どうしようもないという風に、両手を挙げた。

「それよりも今日泊まるところは、どうする？」

この男は、どうしてもぼくに宿泊先を紹介したいようだった。

こいつはヒネテロの一種か――。

ヒネテロとは、外国人観光客にチップや物品をねだる、たかりのことを言う。ファン・カルロスは観光客を宿に紹介し、手数料を取っているのかもしれない。

ぼくの考えを察したのか、話を変えた。

「隣の村に親父が住んでいる。今は引退しているが、昔は漁師だった。会ってみるか？」

ファン・カルロスはぼくが答える前に車に乗ると、海沿いを走る細い道を進むように指示した。左手に太陽を反射する青い海が見える。褐色の肌をした子供たちが、岩場から海に飛び込んでいた。

なんて素敵な海なんだ。

ファン・カルロスにうんざりしていた気持ちが少し和らいだ。

隣村に着いてみると、父親は知人の家にいた。労働者の拳骨を思わせるような、コンクリートが剥き出しの頑丈で粗末な家だった。

Getting down

Havana Club
El Ron de Cuba
Havana Club
Havana Club

上半身裸の男が「ルイスだ」と大きな手を差し出した。緑色の野球帽の下から白髪が見えた。肌は赤銅色に日やけしており、胸の白い毛が汗で湿っていた。

「漁師だったと息子から聞いたけれど」

「そうさ。腕は確かだった」

ルイスは胸を張った。

「網、釣り竿、何を使うの?」

すると、にやりと笑って拳を振った。

「そんなものは使わない。足ひれと水中眼鏡で潜るんだ。魚を見つけたら銛で突くのさ」

「ずっと漁師だったの?」

「いや、最初は船乗りだった。レストランのコックだった時期もあった。金を貯めて自分の船を手に入れ、漁師を始めたんだ」

「革命の前?」

「革命のあとだ。革命前は漁師になろうなんて思わなかった。漁師は働いても働いても生活できなかったからな。折角の獲物を市場に持っていっても安く買い叩かれたものだよ。革命で漁師の生活は楽になった。フィデルは最高の男だよ」

「今は?」

「年金生活。毎月二五〇ペソをもらっている」

約一〇ドル。多い金額ではない。

「わしはカシルダに長く住んでいた。海沿いの家だった。昨年の台風で屋根が吹き飛ばされてしまったので、フィデルがこの村の宿を手配してくれたんだ。来年には家が直るので、カシルダに戻るよ」

ファン・カルロスは最後まで「知り合いの宿を紹介する」と繰り返したが、振り切ってトリニダーを目指すことにした。

キューバという国の名前を知ったのは、小学生のときだ。

ぼくは舞鶴という日本海側の港街に住んでいた。街には大きな造船所があった。造船不況が始まっており、毎年四月が来るたびに同級生が転校し、減っていった。街全体に灰色の空気が充満していた。

日本海側の港街は、アメリカ人が多く出入りする太平洋側の明るい港街とは流れている空気が違う。アメリカと、斜きかけていたソビエト連邦の差は大きかった。街を歩く巨体のロシア人船員は、赤ら顔で沈んだ顔をしており、テレビで見る陽気な〝ガイジン〟とはずいぶん違っていた。

ある日、開業医の父親を持つ友人の家に、同級生と遊びに行ったことがあった。

一家は裕福で、長い休みごとにぼくたちの行ったことのない場所に出かけていた。少し前の休みには北陸で雷鳥を見てきたという。彼は図鑑でしか見たことのない珍しい鳥の様子を熱心に説明した。

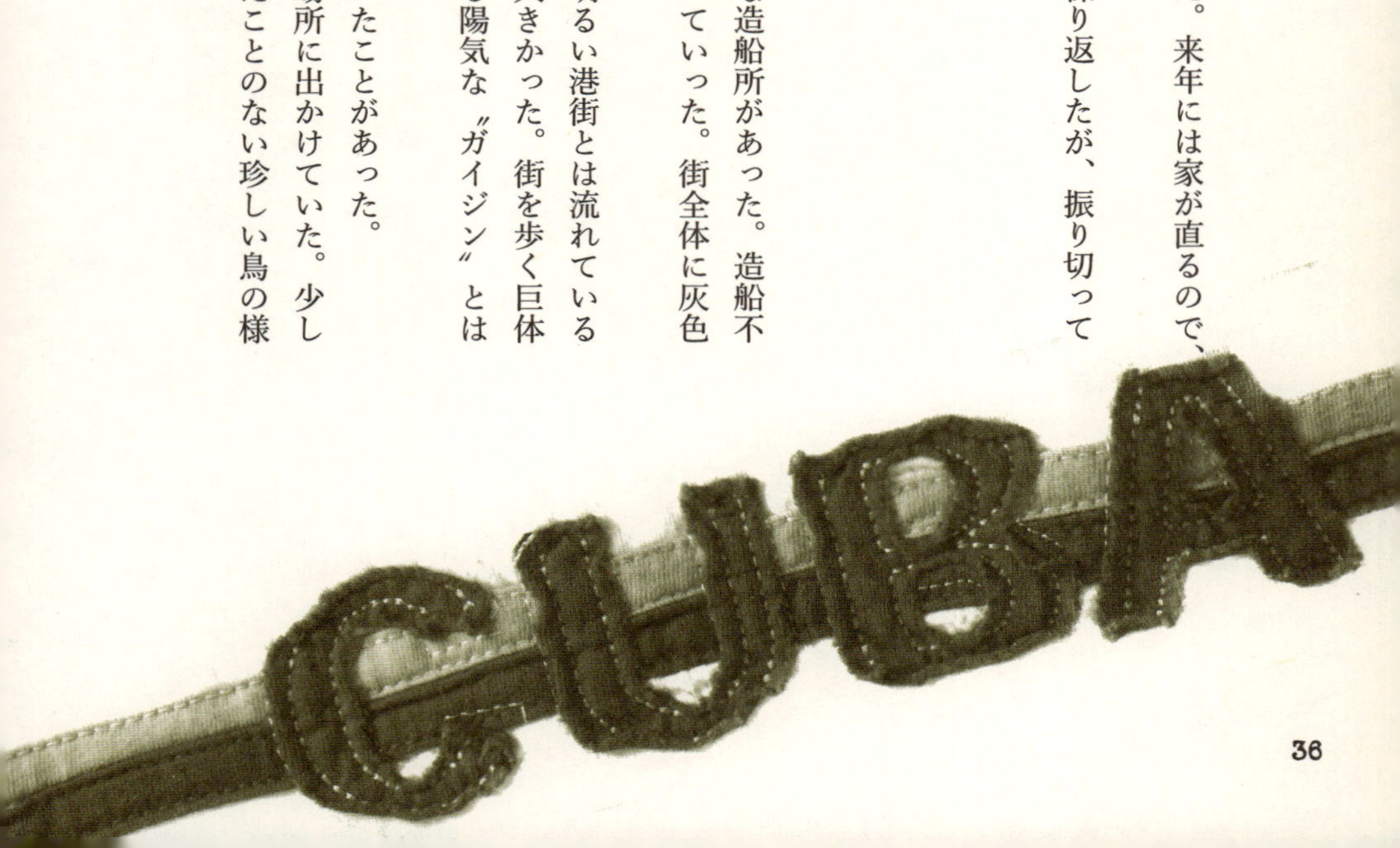

雷鳥の話が一段落したとき、部屋に飾られていた一枚の写真が目に入った。青い空の下で笑みをたたえた老夫婦が写っていた。目にしみるほどの青い空はこの街に似つかわしくなかった。

「これは誰？」

「おじいちゃんとおばあちゃん。キューバに住んでる」

「キューバ？」

ぼくたちは顔を見合わせた。

友人は地球儀を取り出してきて、キューバの位置を探した。

「アメリカの下にある、カリブ海に浮かぶ島なんだ」

「カリブ海」

再びぼくたちは声を揃えた。

カリブ海とはいったいどんなところなんだろう。『ちびくろサンボ』が住んでいるような世界だろうか。もう一度、じっくりと写真を見ると、青い空の下に青々とした葉が見えた。椰子の木が生えていて、虎がその周りをぐるぐる回っていてもおかしくない。

「大きくなったら、会いに行くつもりなんだ」

ぼくはよく、舞鶴港に出入りする船を眺めていた。船に乗ってどこか海の向こうに行ってみたいと思っていたが、あくまで夢の世界だった。遠い国に親戚を持っている友人が羨ましかった。

海の向こうに行ってみたい——ぼくの心に、具体的な国の名前が刻み込まれた。

この青い美しい空の国、キューバに行こう。

そのときは、キューバが社会主義で自分たちの国と違った体制だということや、アメリカとソビエトという二つの大国の綱引きに翻弄されていることなどは、まったく知らなかった。

キューバを訪れたのは、それからずいぶん経ってからで、九六年秋のことだった。少し遅めの夏期休暇を使って、ハバナに行くことにした。理由は特になかった。スペイン語を勉強していたので、腕試しをしてみるつもりだった。

当時ぼくは週刊誌の編集部で働いており、勝新太郎という俳優の人生相談の記事を担当していた。ぼくがキューバに行くと聞くと、勝さんは大きな目を見開いた。

「カストロさんのところか。あそこはいい国だ。俺の映画を大好きでいてくれた」

「行ったことあるんですか？」

「ああ。ミニスカートの綺麗な女の子がたくさんいてね。あれが共産主義ならば、共産主義も悪くないねぇ」

共産主義？　キューバは社会主義じゃないのか、と思ったが、その二つがどう違うのか、わからなかった。あとから百科事典で調べてみると、社会主義の発展したものが、共産主義として規定されていた。

キューバも共産主義も社会主義も、ぼくにとっては遠い存在だった。

キューバの最高指導者のフィデル・カストロは、彫りの深い顔をしたひげ面の老人で、

左翼のスーパースター。ミック・ジャガーとキース・リチャード、あるいはジョン・レノンとポール・マッカートニーのようにフィデルとコンビを組んでいたのが、チェ・ゲバラ。チェは、アルゼンチン人の医師で、南米のボリビアで殺された。それだけだった。

初めてのキューバは、ずっと曇っていた。

アメリカの経済封鎖で経済は停滞しており、どの商店の棚も空きが目立った。食料品店の棚に置いてあった瓶は、どれもラベルが色あせて埃を被っていた。アキ・カウリスマキ監督の『マッチ工場の少女』を思い出すような、灰色の街だった。

人は親切だった。拙いスペイン語にもかかわらず、ぼくは様々な人と話をすることになった。

街の人びとは、確かに勝新太郎を知っていた。「座頭市」の主人公、市（イチ）は有名だった。オチン（「おしん」をスペイン語風に発音するとこうなる）や、トラサン（寅さん）など日本のテレビドラマや映画も人気があった。古き良き日本と、優しい人びとの像が重なった。

ぼくは、バーでモヒートを飲んでまわった。

モヒートは、ヘミングウェイが愛したことでも知られる、キューバを代表するカクテルである。

モヒートを有り難がるのは外国人観光客だけで、キューバ人が口にしているのはビール、あるいはラムのストレートだった。それでも、甘くて爽やかなミント味のカクテルは、キューバの暑い太陽によく合った。

ヘミングウェイが通った『ボデギータ・デル・メディオ』、スペインの詩人ガルシア・ロルカが好んだ『バー・ドス・エルマーノス』など、様々な店でぼくはモヒートを飲んだ。気に入ったレシピの一つは――。

コリンズグラスに、レモン汁を八ミリから一センチ程度注ぐ。バースプーンに一杯の砂糖と二房のミントの葉を入れ、バースプーンで十数回つぶす。

そこに、ガス入りの水を半分まで注ぎ入れ、再び一〇回ほどつぶす。水を少々加え、氷を入れる。そして、ショットグラスに一杯のホワイトラムを注ぎ込む。味を引き締めるため、最後にアンゴストゥーラ（ビターズ）を二、三滴。これが、海沿いの『ラ・テラッサ』のモヒートの作り方だった。口当たりはいいがアルコール度数は低くない。

キューバから戻ってしばらく経ったある日、いわゆる団塊世代の編集者と同席し、キューバの話になった。

「君、キューバに行ったらしいけど、チェ・ゲバラが何をしたかなんか知らないんじゃないの？」

あの年代特有の、皮肉っぽい言い方だった。

二回りほど年が離れたこの男が、学生運動をやっていたと自慢げに話していたことを思

い出した。社会を変えようとしたのだと胸を張る今の姿からは、過去に持っていた理想の欠片を感じることができなかった。日本の大企業によくいる、組織と巧みに折り合いをつけるのが得意な人間だった。若い頃、政治の時代にたまたま出くわしたことは偉いことではない。社会がうねることのない、冷めた時代に生きることの方がずっと大変だとぼくは思っていた。

このとき、チェ・ゲバラは一般的に忘れられた存在だった。

のちに多くの人が知るのは、ファッションとして、あるいはサッカークラブの観客席の応援旗で似顔絵が使われるようになってからだ。

年齢が下というだけで、横柄な言い方をされる筋合いはないと思い、このときはむきになって言い返した。

「革命家、アルゼンチンの医師ですよね。ボリビアで最後まで同行した同志には日系人がいたと聞いています」

「そうだね」

チェについての知識を披露する気満々だったのか、少々残念な顔になった。

「ところで」とぼくは切り返した。

「実際にキューバに行ったことはあるんですか？」

男は、うつむいて首を振った。

日系人同志の話は、たまたま数日前に、知り合いの作家から聞いていた。ぼくが博識であったわけではない。

初めてのキューバでぼくが学んだのは、モヒートの作り方ぐらいだった。行ったからといってその国のことがわかるものではない。しかし、行かなければもっとわからない。どんな空気が流れていて、どんな人が住んでいるのか。

ぼくの見たキューバは、二〇世紀半ばで取り残された、素朴な国だった。

半世紀ほど前に、理想に燃えたフィデルとチェたちが、少人数で国を乗っ取ったことは、世界中の若者を熱狂させたことだろう。なにしろ、フィデルたちが戦った政府の背後にはアメリカ合衆国政府がいたのだ。第二次世界大戦で日本人は、アメリカに勝てないという意識が植え付けられた。フィデルたちはアメリカを敵に回して勝利を収め、その国がいまだに続いているのだ。

今回、その謎を少しでも理解しようという大層な意気込みはあったが、どこから手をつけたらいいものかはっきりしない。

結局、手始めにやったのは、以前と同じことだった。

到着した翌日の昼間から、ハバナ旧市街のバーに繰り出し、モヒートを飲んでまわった。太陽が落ちて気温が下がると、石畳の細い路地のあちこちから、サルサが聞こえてくる。心地よい酔いが回った。

二匹の犬がお尻とお尻を合わせて交尾しているのと出くわした。悪いとは思ったが、ほろ酔い気分も手伝ってシャッターを押した。フラッシュの光が路地を一瞬照らすと、犬は短く吠えて離れた。こんな素敵な街でうろついていれば、発情する野良犬の気持ちもわからぬでもない。

ルイスの住む海沿いの小さな村からトリニダーに戻ったときには、日が落ちかけていた。街を入ったところで、細い石畳の小道でロバに乗った老人とすれ違った。街の中心に古い教会があり、その周りには橙色の瓦を葺いた平屋建ての古い建物が並ぶ。夕陽のじりじりとした光が、淡い青色や桃色の壁を照らしていた。

旧市街の宿には観光バスが何台も横付けされており、受付で尋ねてみると満室だった。一六世紀に作られたこの古い街はキューバを代表する観光地だから、客が集中するのも無理はない。

街を出ると、カリブ海に突き出たアンコン海岸に、パチンコ屋を思い出させるような趣味の悪いホテルが二軒並んでいた。一泊料金を支払えば、中での飲食も含まれているリゾートタイプの宿だった。気は進まなかったが、車の中で眠るよりはましだった。

FEV162

翌朝、さらに東へ向かった。

異国の空気を吸っていると、その国の人にほんの少しだけ近づく気がすることがある。

ぼくが通っていた大学には、「世界旅行研究会」という貧乏旅行をするサークルがあった。ぼくの所属していた「シャンソン研究会」と部室が近いこともあって、世界旅行研究会の人と話をするようになった。

このサークルは、ヒッチハイクして遠く離れた場所で集合するという罰ゲームのような新入生歓迎会を行っていた。どちらかというと人見知りをする方だったぼくにとって、面識のない人間の車を止めて乗るなんてことは信じられなかった。

ところが、キューバだと見知らぬ人を車に乗せ、道行く人に声をかけることは平気になっていた。ぼくの中にこの国の空気が流れ込んでいた。

シエゴ・デ・アビラに近いガスパールという街で歩いていると、馬車の御者と目があった。

「乗るかい？」

つばの大きな麦わら帽子を被った男がにっこりと笑った。

ぼくが少し離れたところに停めておいた車を指さすと、なるほどという風に頷いた。ラモンという七五歳の男だった。

「生まれは、シエゴ・デ・アビラの外れだ。馬車に乗って一二年。客はみんな知り合い、村の仲間だよ。昔は二頭いて、午前と午後働いていたけれど、今は一頭なので午後だけ働いている。馬は一日四時間しか働けないんだ」

ラモンと話をしていると、少々年のいった婦人があいだに割って入ってきた。近くに住んでいる叔母の家まで乗せていってくれないかというのだ。

ジャミラという女性は、日やけした肌で目尻に皺が目立っていた。下腹は出ており、かなり盛りを過ぎているように見えたのだが、ぼくよりも少し年下だった。

「仕事は何をしているの？」

「何も。二年前から大学の薬学部に通っているの」

「家族は？　生活はどうしているの？」

「以前結婚していて、九歳の息子がいる。生活は家族が助けてくれているわ」

学費はどうしているのと聞こうとして、思い出した。この国は教育に力を入れており、学費は一切免除されているのだ。

「そうか、キューバは学費を払わなくていいんだね」

「キューバ人だけでなく、ハバナの医科大学が様々な国の学生を無料で受け入れていることは知っているでしょ。そうした行動ができることを誇りに思うわ」

「キューバのことが大好きなんだ」

「当たり前でしょ」

叔母のソニアの家は平屋建ての小さな家だった。ジャミラはぼくを家の中に招き入れた。

ソニアは、ジャミラから紹介されたぼくを抱きしめた。

「自分の家だと思って、くつろいでね」

先を急ごうとするぼくに椅子を勧めた。そして「これを見てよ」と写真で膨れたアルバムを持ち出してきた。ソニアは二人の子供がいた。下の娘は一六歳で、近くの街、カマグエイで寮生活を送っていた。アルバムは娘が一五歳の記念で撮った写真だった。

キューバの女性は一五歳になると、ドレスを着て写真を撮る風習がある。強い太陽の下では成熟は早く、一五歳で一人前になるのだ。褐色の肌に大きな目で微笑むソニアの娘も女性の色香を放ちはじめていた。

早く成熟するが、老いるのも早い――ぼくは隣のジャミラを横目で見た。

キューバは自然に人と知り合いになる楽しい国だ。ただ、社会主義国家のゆがんだ部分もある。

道路を走っているとき、道ばたに白いものを持って立っている男を、しばしば見かけた。車の速度を緩めると、しわくちゃになった野球帽を被った二人の男が駆け寄ってきた。掌に、四角く白いものを三段に重ねて持っていた。

「それは何?」

男は手を少しあげて「チーズ」と言った。

「いくら?」

「七〇ペソ。俺たちの働いている農場で作っているものだ。品質はいいぜ」

「毎日、ここで売っているの?」

男は頷き、早口になった。

「買うのか、買わないのか?」

ALBUM DE LA
REVOLUCION CUBANA
1952
1959

チーズは欲しくないが、話を聞いてみたいと思っていると、二人は車から離れて再び道ばたに立った。交通量は多くはないが、時折り車が通る。しかしチーズ売りには見向きもせず、速度を緩めなかった。車が走り去ると、二人は戻ってきた。

「そのチーズを買ったら、写真を撮って話を聞かせてくれるか」

ぼくの言葉に二人は顔を見合わせ、何やら話し合いはじめた。訛りが強くて聞き取りづらい言葉をつなぎ合わせると、やめた方がいいんじゃないかと話しているようだった。

車がやってきたので、再び二人は道ばたに戻って、チーズを車に向かって持ち上げた。車は止まらなかった。

一人がぼくのところに戻ってきて、「チーズを買ってくれるならば、多少の時間をとってもいい」と言った。

そのときだ。

道ばたに立っていた男が、こちらを向いて何か叫んだ。ぼくの前の男は、素早くチーズを小脇に抱えると、鉄条柵を跳び越えて草原の中に消えていった。

何が起こったのだろうと戸惑っていたぼくの前を、ものすごい勢いで車が通りすぎていった。警察と書かれた四輪駆動車だった。この国では、すべての商売は政府の管理下にある。もぐりのチーズ売りは認められていないのだ。

チーズ売りたちが去ったあと、何もなかったように、背の高い草が風の中で揺れていた。

島の東端、サンチャゴ・デ・クーバの旧市街は、港を望む小高い丘の上にある。ハバナと比べると、若干ではあるが外国人観光客が少ない。ハバナよりも軽やかな空気が流れている気がするのは、首都と第二の都市の違いだろうか。

「サンチャゴ・デ・クーバはこの国にとって特別な街なんだ」

ロランド・サラスはハンドルを握りながら叫んだ。エンジンの大きな音と風きり音で大声を出さなければ話ができない。

キューバでは、革命前の一九五〇年代の車は珍しくない。その中でもロランドがタクシーとして使っている黒いフォードは一際目立っていた。

エンジンを収納したボディが、前方にすっと伸びており、正面に二つの丸いライト。一九三〇年代に作られたカブリオレ・コンバーチブルというモデルだった。日本であれば博物館に収められていてもおかしくない。

赤いシートやタイヤは新しく、ハンドルはなぜかフィアットのマークのついた物に付け替えられていた。

ロランドも車と同じように、長い歴史のある男だった。

「キューバ革命が始まったのは、一九五三年のことだ。フィデル・カストロたちがこの街にあったモンカダ兵営を襲撃したんだ。フィデルやチェによる革命の勝利でこの国は変わった」

ロランドの口からは、「革命の勝利」という言葉が何度も出てきた。

「革命の勝利の前、我々の生活は貧しかった。八〇パーセントの貧困層、一五パーセント

俺の魂は、アメリカとは関係ないよ。

の中産階級、残りが億万長者だった」

サンチャゴ・デ・クーバのかつての高級住宅地を走りながら「ここには、五パーセントの億万長者が住んでいたんだ」と叫んだ。どの家もアメリカの郊外にある住宅地を思わせる、広い前庭がある立派な建物だった。

「革命のときは何歳だったの」

「二一歳だった。当時は、地下で反政府活動をしていたんだ」

「もしかして革命に関わっていた？」

「そうだ」

交差点を曲がるときは、押さえ込むようにしてハンドルを切った。ハンドルは、フォードの喘ぐようなエンジンで揺れていた。

「フィデルにもチェにも会ったことがある。革命の勝利のあと、この国は変わった。貧乏な農民だった俺が、学校に行くのは夢のまた夢だった。革命のおかげで学校に行き、勉強をすることができた」

卒業後、パン屋や工場で働き、タクシーの運転手となったという。

「フィデルのことを今も尊敬している？」

「尊敬？　そりゃ尊敬してるよ。立派な男だ」

「フィデルの具合が悪いと聞いているんだけれど」

「そんなことはないよ。今は回復したはずだ」

世界中が注目しているのは、フィデル・カストロが亡くなったあと、この国がどうなるかということだった。

革命前のキューバは、アメリカの富裕客を相手にしたカジノで栄えた。カリブ海に浮かぶこの島は、今も魅力的である。教育体制が整っており、一定以上のスキルを持った労働力確保も可能である。

フィデル・カストロという強烈な影響力のある指導者がいなくなれば、アメリカをはじめとした世界のリゾート産業が、この島を放っておくはずがなかった。

「お前たち外国人がどんな風に考えているのかわからないけれど、万が一フィデルが亡くなったとしても、この国は変わらないよ」

「アメリカの人間はそう思っていない」

「フィデルが死んだとしても社会主義体制は変わらない。キューバの社会は現実なんだ。俺たちはその現実を受けいれている。大きく変わることは望んでいない」

「アメリカのことは嫌い？」

「当たり前だろ。奴らは傲慢なんだ」

「これは？」

ぼくはロランドの野球帽を指さした。ロランドは、怪訝そうな顔で片手で帽子を触った。

「これか？　もらったんだ」

「アメリカのバスケットボールリーグのオフィシャルグッズだ」

「五〇セント」と書かれた朱と白のＮＢＡの野球帽だった。まったく知らなかったと、ロランドは口を開けて笑った。

息子が7人、11人の孫、曾孫が1人。結婚は1回だけだ。
珍しいだろ、この国じゃ。

「ここは日差しが強い。現実的な理由ってやつさ」

「ところで、家族は?」

「子供が三人、上から四五歳、四三歳、そして二〇歳」

「まだまだ現役なんだね」

再び、大笑いした。

「そうさ、こんな風に女をいかすんだ」

ロランドは舌を突きだして小刻みに震わせた。

この日からサンチャゴ・デ・クーバでは音楽フェスティバルが予定されていた。大通りは閉鎖され広場に舞台が作られていた。トランペットを練習する音が聞こえ、街には浮かれた空気が流れていた。


サンチャゴ・デ・クーバから、北へ向かいフロリダ湾側に出た。フロリダ湾の向こうはマイアミである。ここから多くのキューバ人が手製のボートで海を越えてアメリカに亡命している。

この日は雨が降り、海は荒れていた。とてもじゃないが、粗末なボートで海を渡る気にはならなかった。

オルギンというサンチャゴ・デ・クーバから北西の街で一泊、翌日はトリニダーで一泊、ハバナに戻ることにした。

キューバは東西に鉄道が走っているが、本数は少なくダイヤも乱れがちである。庶民の移動手段は、ヒッチハイクやトラックを利用した乗り合いバスだ。本来荷物を載せる荷台に人が立ったまま乗っている様子は青い空の下で快適に見える。

カメラを向けると、荷台の人びとは持っている鶏を上に掲げてはしゃいだ。

乗り合いバスを追い抜きハバナへの距離を縮めていると、黒い雨雲が前方に見えてきた。雨粒がぽつりぽつりとフロント硝子に落ちたと思うと、音を立てて降りだし、大雨となった。ワイパーを全力で動かしても前が見えない。

屋根のないバスに乗っている人は大丈夫なのだろうか。窓の外に目をこらしてみると、人びとはずぶ濡れになりながら、荷台で身をひそめていた。

雨雲を抜けると、ハバナだった。

日曜日のマリコン通りには人が出ていた。車を止めて歩くことにした。

大通りから一本入ると、人が生活している匂いが濃くなった。窓から針金を突きだして、壁が見えなくなるほど洗濯物を干している家。開け放たれた窓からは、サルサの軽快なリズムと笑い声が聞こえてきた。

「おや」

黒人の女性が高い声をあげた。ぼくが上を見ながら歩いていたので、小道から出てきた女性とぶつかりそうになったのだ。

「ごめん」

ぼくが謝ると、いいのよとにっこりと笑った。

「ねぇ、こんな日に何してんの？」

女性は蛍光緑の丈の短いキャミソール、明るい水色のジーンズに白いベルト。黒い肌に派手な色がよく映えた。

キューバでは、洋服の種類は限られているが、鮮やかな色の使い方が上手である。

「散歩」

「どこから来たの？」

「日本」

大げさに驚いた顔をすると、隣にいた女性の肩を叩いた。

「日本だって。知っている？」

もう一人は、少し年上の黒人で、鮮やかなスカイブルーのキャミソールを着ていた。胸は大きく、下腹も出ていた。

「今日は日曜日よ。パーティをしないともったいないわ」

二人は近くの家でビールを飲んでいるという。すでにアルコールが入っていた。

蛍光緑色のキャミソールを着た女性は、アクセリアと言った。三五歳で、葉巻工場で働いているという。もう一人はイネといい、同じ工場で働いていた。

ついてきなさいよと言うと、二人は一軒の古い建物に入った。床がタイル張りになっており、石でできた円柱が高い天井を支えていた。

ソファーにはレアルマドリーのユニフォームを着た大男が寝ていた。

「誰？」

ぼくが尋ねると、アクセリアは何でもないという風に首を振った。

「気にしなくていいわ。酔っぱらっているだけだから」

部屋の真ん中には、古いラジオカセットが置いてあり、イネがスイッチを入れると、大音量でサルサが始まった。寝ている男は誰なのか、大音量の音楽は迷惑ではないのか――。

アクセリアはぼくに瓶ビールを渡した。

「踊りましょう」

ぼくがためらっていると二人は踊りはじめた。

ほとんどのキューバ人女性がカモシカのようにしなやかな身体をしているのは、少女から女性に変わる一瞬だ。年を重ねるうちに、ジーンズやスカートの上に贅肉が乗ってくる。伸縮性のある服は伸びて柄が変わっていることもしばしばだ。そんな太めの女性たちが、踊りはじめると印象は一転する。まるでゴム鞠が弾むように、適度な身体の丸みが踊りを滑らかに見せた。

アクセリアとイネの踊りもそうだった。

ずいぶん前に、ぼくは六本木のサルサバーで踊りを習ったことがあった。付け焼き刃の踊りでは二人についていくことができなかった。二人は楽しそうにぼくの横で踊りつづけていた。

「そうだ」

サルサを数曲踊ったあと、アクセリアは奥に行くとビニール袋を手にして戻ってきた。

「これあげる」

Aurelia Simpson.

太い葉巻だった。

「私たちは毎日、毎日、これを巻いているの」

「黙って持って帰ってきたの？」

「給料は安いし。これぐらいは仕方がないでしょ」

アクセリアは悪戯っぽく目配せした。

「残念ながら、ぼくは煙草を吸わないんだ」

と断ると、いいから持っていなさいよと手に葉巻を握らせた。さらにサルサはしばらく続いた。

日が暮れつつあった。そろそろ宿に戻らなければならない。そう思っていると、口ひげと顎ひげを生やした、褐色の男が扉を開けた。頭を剃っており、長い手足をしていた。バスケットボールの選手のようだった。

「ここの家主なの」

アクセリアはぼくのことを紹介した。寝ているのは男の兄弟だという。アクセリアとイネは、友人の家で音楽をかけて大騒ぎをしていたというわけだった。別れ際に、アクセリアはたっぷりと葉巻を持たせてくれた。

「友達のプレゼントにすればいいわ。買えば高いわよ」

ぼくはすっかりキューバの気楽な空気に慣れていた。日本に戻らなければならない日が近づいていることが残念だった。

この国は不思議な魅力がある。離れがたい国だった。

第二章　光と影のカーニバル…リオ・デ・ジャネイロ

DO BRASIL PARA O MUNDO
DESDE 1888
BRAHMA
Chopp
CERVEJA PILSEN
600ml
SKOL
600ml
CERVEJA PILSEN
SKOL
SKOL
ANTARCTICA
Desde 1885

RIO DE JANEIRO

2008 feb.

リオ・デ・ジャネイロの中心地にあるカンデラリア教会は、一七世紀初頭に建築された灰色の古い建物である。

教会の前は太い幹をした木々が植えられた公園になっており、そこからプレジデンチバルガス大通りがまっすぐ走っている。プレジデンチ（大統領）という名前に相応しく、片側三車線の広い通りで、途中からはさらに三車線が加わっている。そのプレジデンチバルガス通りの交通が遮断され、不思議な形をした物体がずらりと並んでいた。

物体としか形容できないのだ。ムカデのように無数の足が飛び出たもの、鷲のような鳥の頭が前に突き出ているもの、はっとするほどのピンク色に塗られたもの、大きな人形が何体も載ったもの——カーニバルに参加する山車だった。

太陽の下で見る山車は巨大だった。一つがおよそ四トントラック二台分の大きさ。その山車たちが、何キロも道路を占領しているのだ。

もし地球以外の星に生物がいて、このカーニバルの時期リオの上空を飛んだとしたら、人間という生物を間違いなく誤解するだろう。

山車のあいだを歩きながら、この風景はどこかで見たことがあると思った。

一〇年以上前、神保町の古本屋で篠山紀信の『オレレ・オララ』という写真集を見つけた。七一年に発売されたこの写真集は、保存状態によっては数万円で取引されていた。この店の値札を見ると四〇〇〇円だったので、迷わず買うことにした。

色あせた赤色に、暴力的な青い文字で「オレレ・オララ」と書かれた表紙を開けると、紫色や橙色の、まるで露出を間違えたような写真が、ざらざらした紙に印刷されていた。

女性の裸を撮っている篠山紀信とは違った、荒々しい写真だった。

写真集の中で、白いスーツの男が歩いていたのは確かこの通りだった。サンボドロモが建設される前は、大通りでカーニバルをやっていたとどこかで読んだことがあった。

サンボドロモとは、サンバ専用のスタジアムである。

あまり知られていないが、カーニバルは採点競技である。エスコーラ・ジ・サンバ（直訳するとサンバ学校）と呼ばれる、サンバチームが得点を競うのだ。

サッカーリーグと同じように、一三チームから成る〝スペシャルグループ〟を頂点に下部リーグが連なっている。エスコーラ・ジ・サンバはそれぞれ主題を決めて、踊りや山車、衣装を作りあげ、プロット、ハーモニー、音楽などの一〇項目が一〇点満点で採点される。採点結果により、上位リーグに昇格、あるいは下位リーグに降格したりする。

スペシャルグループと二部のチームだけが、カーニバル専用スタジアムのサンボドロモで行進できる。

「三月三一日大通り」を左折したところに、サンボドロモがある。プレジデンチバルガス大通りでは出場するエスコーラ・ジ・サンバの山車が入場を待っていたのだ。

山車を眺めているうちに、疑問が浮かんだ。

いったいこの山車はどうやってここに来たんだ。

中にトラックが埋め込まれていて、運転することができるのか。しかし運転席らしきも

のは見えない。動力車のようなもので牽引したのか。

台車の下に秘密があるのかもしれない。

金色の台車の周りを布製の花で飾った山車の下をのぞき込むと、暗闇の中に白い歯が浮かび上がった。

「やぁ」

頭にバンダナを巻いた上半身裸の男が、にやりと笑った。

「どうしてこんなところにいるの？」

とぼくは尋ねた。

「暑くないか？　何度あると思っているんだ」

大通りの電子温度計は、〈三五度〉を示していた。暑さに加えて湿度で、少し歩くだけで身体中から汗が噴き出てくる。

「昨日から一睡もしていないから、休んでいたのさ」

「一睡もしていないって？」

「ああ、こいつを押してきたんだよ」

隣にいたもう一人のバンダナを巻いた男が顔を出して、上を指さした。

「そうさ、夜通し」

最初の男が笑いながら付け加えた。

「二人で？」

「三人さ」

さらにもう一人の男が顔を出した。

「相当重いんじゃないの？」

「下に滑車がついているから、重さはそれほどでもない。ただ、曲がるのは大変だった」

長い全長の内輪差を考えれば、かなり外側に膨らみそうだった。

「ここに持ってくるまで、どのくらいかかった？」

「そうだな、出たのが昨日の夜の一一時。着いたのが朝の七時さ。その間、口に入れたのはビールだけ」

「大変だね」

「そうでもないよ。カリオカ（リオっ子）にとって、カーニバルとビールとオンナは人生に欠かせない。うちのチームは今夜、二部のカーニバルに出場する。そこで勝って来年は一部に上がるのさ」

これだけ立派な山車なのに、まだ二部リーグなのだ。

話を聞いていると、また気になることが出てきた。

「今晩のカーニバルが終わったら、この山車はどうするの」

男は当たり前のことを聞くなという風に首を振った。

「押して帰るよ、また一晩かけてね」

まったく、素敵な人たちである、カリオカは。

人、人、人――。

翌日、世界で最も名前の知られた海岸の一つ、コパカバーナ海岸沿いのアトランティカ大通りは人で溢れていた。白人、黒人、混血、アジア系……。柵に登ってみると、椰子の木に沿って、ずいぶん先まで人で埋まっている。

皆、水着姿で、缶ビール片手に踊りながら歩いていた。女性はビキニが多い。あたりには発泡スチロールの箱を荷台にくくりつけ、ビーチパラソルで日よけしている即席の屋台がたくさん出ていた。

遠くに大音量で音割れした歌声が聞こえた。もう一度、柵の上に登って音の方向に目をこらすと、道を埋め尽くした人びとの真ん中に車が走っていた。

女装して踊っている屈強な黒人、スーパーマンの格好をした四人組、様々な仮装をした人たちをかき分けて車に近づいた。

年代物の青色のボンネットトラックは、側面にビールメーカーの名前入りの黄色い布が張られ、マイクを持った歌手、ギターをかき鳴らす男たちが荷台に作られた舞台に立っていた。演奏する音が、運転席の上にくくりつけられた扇形の黒い大きなスピーカーから流れる仕組みだ。トラックはのろのろ進み、人びとはそれに合わせて歩いていた。ぼくも流れに乗ることにした。

人で溢れたコパカバーナ海岸の隣、レメ海岸にゼ・ダス・メダーリャスが働く薬局がある。

この男を一度見た者は、決して忘れないだろう。

pra cá

〈ＲＩＯ〉と書かれたテンガロンハット、赤いサングラス、緑色のベスト、なんとっても目を奪われるのは無数の首飾りである。青、白などありとあらゆる色の石がついた数珠のようなもの、銀細工、金属のチェーン、雑多な色が胸の上で混じり合っている。ゼ・ダス・メダーリャスとは、「メダル（硬貨）のゼ」の意味である。

人びとは薬局に来ると記念写真を撮っていく。ゼはリオの街、特にカーニバルのシーズンは知られた存在である。

「いったい、身支度にどのくらいかかるの？　寝るときは、すべての首飾りを外しているんでしょ」

「いい質問だ。毎日、二、三時間はかかるな」

ゼは飾りを持ち上げ「全部で一五キロもあるんだぜ」と笑った。

「いつからこんな格好を始めたの」

「七一年だったかな。すでにこの薬局の香水売り場で働いていたんだ。あるとき、一人の女の子が俺に乾電池のラジオをくれたんだ。それを首から吊るしたのが始まりだった」

「本名は？」

「アウタイール・ドミシアーノ・ゴメス。誰も本名では呼びはしない。みんながゼ・ダス・メダーリャスと呼ぶ。ところで、カーニバルはどうだ？」

ぼくはブラジル式に親指を立てた。

「今日からいよいよスペシャルリーグが始まる。楽しんできてくれ」

ゼは、目配せしてにっこりと笑った。

カーニバルの行われるサンボドロモの周りは、かなり遠くから何カ所もバリケードが設置され、完全に交通が遮断されていた。暗闇の中を歩いていると、巨大な白い虎が牙をむいてこちらを睨んでいた。出番を待つ山車だった。

裾が大きく広がったスカートを履いた女性たちが、くるくる回っていた。そのかたわらでは、孔雀を思わせるような無数の色が入ったワンピースを着た女性たちが車座を作って休んでいた。脇には赤い羽根で出来た大きな飾りが置いてある。本番には飾りを頭にとりつけるのだ。

サンボドロモはコンクリートで出来た太い道路の片側に観客席が迫り立っている。一直線しかない道路と観客席など、ほかに使用できるとすれば、ドラッグレースぐらいだろう。年に数日間使用するためだけに作られた、非常に贅沢なスタジアムである。

赤、青、桃色。観客席には、それぞれ応援するエスコーラ・ジ・サンバのユニフォームを着た人たちが立ち上がって踊っていた。

日曜日のスペシャルグループのカーニバルは、夜の九時に始まる。日曜日は六グループ、月曜日は七グループが行進することになっていた。月曜日の最終組のスタートは三時半、何のトラブルがなくても朝の五時ぐらいまではかかることになる。文字通り、朝まで踊りつづけるわけである。

とにかく圧巻である。

RIO
Zé das Medalhas

道路を埋め尽くす踊り子、派手な山車。老若男女の踊り子のうち、カメラマンが集中するのは、露出の多い、若くて美しい女性である。

白い羽飾りを背中に、ぴかぴか光る髪飾り、胸と股の部分だけを隠した小さな衣装。ときどき胸の部分がはだけて、乳首が見える。次々とシャッターを切っても気にするそぶりもない。

「スカートから下着が見えることを『パンチラ』といって、日本のグラビア記事では女子アナウンサーのパンチラが人気を博している」と説明したところで、きっと理解してもらえないだろう。「下着が見えたからって、それがどうしたの」と怪訝な顔をされるに違いない。

スペシャルリーグのエスコーラ・ジ・サンバは、「バハコン」と呼ばれる大きな倉庫を衣装や山車の製作に使うことができる。バハコンは通称であり、正式名称は〝シダージ・ド・サンバ〟(サンバの町)という。

一三万平方メートルの敷地に、全スペシャルグループ一三チームの倉庫が公園を囲む形で立ち並んでいる。しばしば広さを喩えるときに、東京ドーム何個分という表現を使う。東京ドームの敷地面積との比較がわかりやすいとは思えないが、その例に倣うと東京ドーム二七個分だ。

カーニバルに参加するのは、一つのエスコーラ・ジ・サンバ、三〇〇〇から四五〇〇人。衣装代は一人一五〇から三〇〇ユーロ。三〇〇人以上の人間が、山車、衣装の制作に従事している。

一つのエスコーラ・ジ・サンバの予算は、一五〇〇万から二〇〇〇万ユーロ、日本円で二〇億円程度になる。この資金を、スポンサー、テレビ放映権、寄付金、サンバショーの収入でまかなっている。

パシスタと呼ばれる花形ダンサーは、サンバショーだけでなく、テレビドラマにも出演している。年収が一億円を超えるパシスタもいるという。カーニバルは、この国の一大産業と言ってもいいだろう。

この煌びやかな産業には裏側がある。

これだけの規模でありながら、エスコーラ・ジ・サンバの経営状態が公開されることはほとんどない。

〝ジョゴ・デ・ビッショ〟（動物くじ）と呼ばれるもぐりの富くじの胴元、あるいは新興マフィアが多額の金を持ち出して支えていると言われている。貧民街を拠点にしているエスコーラ・ジ・サンバもある。裏社会との結びつきは容易に想像できる。

そうした妖しい影があるからこそ、このカーニバルは眩いほどの輝きを放っているのかもしれない。

そんなことを考えながら、ぼくはサンバのリズムに合わせて、身体を動かしていた。

翌日の昼過ぎに起きると、身体の節々が痛かった。ずっと立ちっぱなしで踊っていた。頭の中ではサンバのリズムがまだ鳴っていた。

見りゃわかるだろ、フルート吹いてんだ。
ゼカ・パゴヂーニョとも共演したんだぜ。

将来はもちろん、パシスタになるわ！

カーニバルは圧倒的な熱気と迫力があった。しかし、あまりに巨大で鼻につく部分もあった。サンボドロモはもちろんだが、スペシャルグループが使用するバハコンも旧市街の港湾地区、交通の便がいい場所を与えられている。カーニバルを、世界屈指の〝商品〟にしようという市当局の意図が見え見えだった。

ベッドの上でぼんやりとしていると、ゼ・ダス・メダーリャスの言葉を思い出した。

「サンボドロモのカーニバルもいいが、旧市街のカーニバルもなかなかだよ」

昼間に下部リーグのカーニバルが行われているというのだ。

ぼくはなんとかベッドから起き上がった。

リオは観光都市でもあるが、南米大陸屈指の商業都市でもある。ふだんはオフィス街として賑わっている古い高層ビルは、ひっそりしていた。遠くから太鼓の音が聞こえた。

閉鎖された大通りを、人びとが練り歩いていた。

ネイティブアメリカンのように頭に大きな羽根飾りをつけた男と目が合った。どこから来たのかと尋ねられ、日本からだと答えると、嬉しそうな顔をした。

「前から日本人に聞いてみたいと思っていたことがあるんだ。どうして日本のアニメに出てくる人間はみんな目が大きいんだ？　俺の知っている限り、あんたもだけれど、日本人はそんなに目が大きくない。不思議でしょうがないんだ」

思ってもいなかった問いかけに、ぼくは思わず吹き出してしまった。

「目が大きくなりたいと思っているから、大きく描いているんじゃないかな」

男はアイウトンといった。

周りには、同じようにネイティブアメリカンの格好をした人たちが集まっていた。

「君たちのエスコーラ・ジ・サンバは何という名前なの？」

「俺たちはエスコーラ・ジ・サンバじゃない。ブロッコさ。小さいエスコーラ・ジ・サンバをブロッコというんだ。名前はカシキ・デ・ハモス。ハモスという街を知らないか？小さな海岸だけれど、美しいところだ。その街にあるブロッコなんだ」

アイウトンは、四一歳の公務員だった。二人の息子がいるという。

「今年のテーマは、ネイティブアメリカンなのかい？」

ぼくが尋ねると、首を振った。

「俺たちはエスコーラ・ジ・サンバと違ってお金がない。毎年、同じ衣装を使っている。あれを見てみろ」

そう言うと、近くの男を指さした。男が椅子に腰掛けて、衣装の禿げた部分をサインペンで塗っていた。

「貴重なお手製というわけだね」

「俺の羽根飾りは一〇年前から使っている。毎年少しずつ手直しししているんだ。古い方が価値があるのさ」

アイウトンは目配せした。

華やかなスペシャルグループのカーニバルも素晴らしいが、ブロッコにはまた別の楽しみがある。

カリオカは人生の楽しみ方をよく知っている。やはり羨ましい人たちである。

CUBA

REOS
gación
egos
ales
-Ofi
nico

RIO DE JANEIRO

RIO

A BEIJA FLOR
PEDE PAZ
A BEIJA FLOR
PEDE PAZ

101

APOIO

第三章　都会的な僻地…小笠原諸島

BONIN TURTLE
BONIN ISLAND
小笠原父島
Green Sea Turtle
アオウミガメ肉煮込

小笠原
2007 oct.

正午になろうとしているのに、曇り空で太陽の光は弱い。遠くで鳥が飛んでいる。鳥が船に近づき、薄黄色のクチバシと黒い翼が見えた。カモメだ。

「父島だよ」

甲板で風に吹かれていた男がしゃがみ込んで、子供の耳元で叫んだ。前方の雲の下に島が現れたのだ。

島は次第に大きくなっていった。しばらく一緒に飛んでいたカモメが船から離れると、水面から二匹のイルカが跳ねた。甲板からどっと歓声が上がった。

船着き場には、宿の名前が書かれたプラカードを掲げた人たちが待っていた。

ようやく到着だ。

東京の竹芝桟橋を出たのは昨日朝一〇時。もうすぐ二六時間が経とうとしている。

東京から南南東一〇〇〇キロにある小笠原諸島へ空路はなく、この『おがさわら丸』に乗るしかない。小笠原諸島は、父島、母島、兄島、弟島、姉島、妹島、姪島と家族の名前がつけられている。大型の船がつけられるのは父島だけで、そのほかの島へ行くには、この父島で小さな船に乗り換えることになる。

地球の裏側にあるブラジルまで飛行機で二四時間で行くことができるにもかかわらず、行政区分で東京都に含まれる小笠原はそれ以上の時間がかかってしまうのだ。

小笠原には、本土と少々違った歴史がある。

一五九三年、信州深志の城主、小笠原定頼が島を発見したと伝えられている。長らく人が足を踏み入れたことのなかったこの島に初めて上陸したのは一六六九年。蜜柑を運んでいた船が遭難し、その船員が島にたどり着いたという記録が残っている。

島の領有を初めて宣言したのは日本ではなかった。一八二七年に英国のブロッサム号が、父島、母島をまわって、島の樹木に英国領を示す銅板を釘付けしたという。

初めて人間が定住したのはそのすぐあと、一八三〇年のことだった。

これもやはり日本人ではなかった。欧州、アメリカ大陸出身の人間が、ハワイやポリネシア出身の人間を伴って父島の土を踏んだ。南洋の島々に住んでいた人たちが移り住んできたのだ。

その中の一人に、アメリカのマサチューセッツ州出身のナサニエル・セーボレーという男がいた。

島で養蜂業を営んでいる瀬堀ロッキさんは、その子孫の一人である。セーボレーが日本風の名前に変えられ、瀬堀となったのだ。

ロッキさんはナサニエルから数えて五代目にあたる。

「島の高校を卒業して、小笠原漁業という会社に入りました。事務の仕事で、給料計算など帳簿をつけたり、出荷する魚の目方を量ったりしてました」

機械に興味があったロッキさんは、アマチュア無線を趣味にしていた。青森県の高校生と交信した会話の中で、電気通信大学のことを知った。まさに自分が勉強してみたい分野だった。働きながら勉強し電気通信大学に合格、卒業後はＮＥＣに入社した。

初めての国外赴任先はクウェートだった。

電話の基地局を見回る仕事で、警報が鳴ると夜中でも現場に行かなければならない。石油関係の施設は警備が厳重だった。不審車と勘違いされ、車に発砲されたこともあった。

「湾岸戦争が始まる直前まで現地にいました。アメリカ大使館の知人が、戦争が始まると教えてくれ、出国したのは開戦の二週間前。ぼくのあとに残った二人は、出国できず人質になりました」

その後、中国、ブラジルでも、自動車電話の中継局の設置に携わった。

「リオで国際会議があるので、トンネルの中でも自動車電話が使えるようにしてほしいという要請を受けました。あそこは特殊な地形をしているため、トンネルが多いんです。トンネルの中にケーブルを引いて中継局を作らなければなりません。ところが、ケーブルを引くとすぐに盗まれてしまう。貧民街に近いところは特にひどかった。ケーブルを引いた翌日にはなくなっていた。いたちごっこでしたね」

その後、三井物産に転職し、やはり通信関係の仕事をした。

生まれ故郷の小笠原に戻るきっかけとなったのは、二〇〇一年のアメリカ同時多発テロだった。飛行機が激突したニューヨークのワールドトレードセンターは何度も仕事で訪れていた。ハイジャックされたアメリカン航空は、いつも使っている航空会社だった。

自分もあそこにいたかもしれない。ニューヨークの惨状をテレビで見ながら、背筋が冷たくなった。自分には守らなければならない家族がいる。辞表を出したのは、テロ直後の九月二〇日だった。

このとき、父島に住んでいた父親のエーブルさんが癌に侵されていた。父親の、最後を看取りたいという思いもあった。

決めつけて生きていくことはしたくない。

ところが、家族は小笠原に戻ることに大反対だった。長男はブラジル赴任中に、次男は横浜で生まれた。家族にとって小笠原は故郷ではなく、単なる僻地だった。

自分だけ島に帰ることも考えたが、住んでみて駄目ならば本土に戻ってくると説得して、家族全員で島に渡ることにした。

養蜂業は父親のエーブルさんが始めた。

「日本にいる西洋ミツバチのルーツは小笠原なんです。この島に移住した欧米系の人間が、蜂蜜を食べたかったので、ミツバチを島に持ち込んだのが始まり」

父親が亡くなる二週間前、「きょうだいの誰かに養蜂を引き継いでほしい」と言い出した。兄たちが首を振ったので、ロッキさんが引き受けることにした。

蜂は細やかな世話が必要である。病気のエーブルさんが手をかけられなかったため、引き継いだとき、蜂の巣箱はたった七個に減っていた。

蜂蜜はまさに島の自然の恵みだった。ミツバチは、グアバ、レモンなど様々な島の植物から蜜を集めてくる。季節、巣箱ごとに味が違ってくるのだ。

ロッキさんによると「パッションフルーツの蜜が多く含まれる六月の蜂蜜は、甘みの中にほどよい酸味があるので、一番美味」だという。濃厚だがしつこくない甘みは絶品である。残念なのは、自然まかせのため、採集量が限られていることだ。

ロッキさんは養蜂のほか、トレーラーハウスを使って民宿も経営している。商社で働いているときに、アメリカのコロラドスプリングスを訪れたことがあった。トレーラーハウスで旅をしている老夫婦と親しくなり、いつかは自分もそんな旅をしてみたいと思い、購入を決めた。

島に運び込んだところ、建設工事の関係者が目をつけた。宿舎として使わせてくれないかと頼まれ、貸すことにした。その後三台買い足し、一台は自分たちが住んでいる。

「部品がすべてアメリカ製で、ねじのサイズも日本とは違う。快適に生活できないんじゃないかと思っていたんですが、よく考えて作られているんですよ」

緑の中に置かれたアメリカ製のトレーラーハウスは、島の風景に溶け込んでいた。

セーボレー家は小笠原の歴史と深く関わっている。

一八五三年は日本が近代に目覚めた年だった。アメリカ海軍のペリー提督の乗った船が浦賀に現れた。いわゆる黒船である。

同じ年、ペリーは父島を訪れている。そのときペリーを迎えたのが、島を仕切っていたナサニエル・セーボレーだった。

ナサニエルたちが島に移住してから、二〇年以上が経っていた。ペリーはナサニエルと友好を結び、船舶用の石炭貯蔵用地を五〇ドルで購入した。こうした体験をペリーは帰国後、報告書にまとめた。

それまでも島には日本人の船が遭難し漂着していた。ナサニエルたちの協力で船を修理し、本土に戻っていた。欧米系の住民が住んでいることを把握していた江戸幕府が、島の重要性に気がついたのは、この報告書であったと言われている。

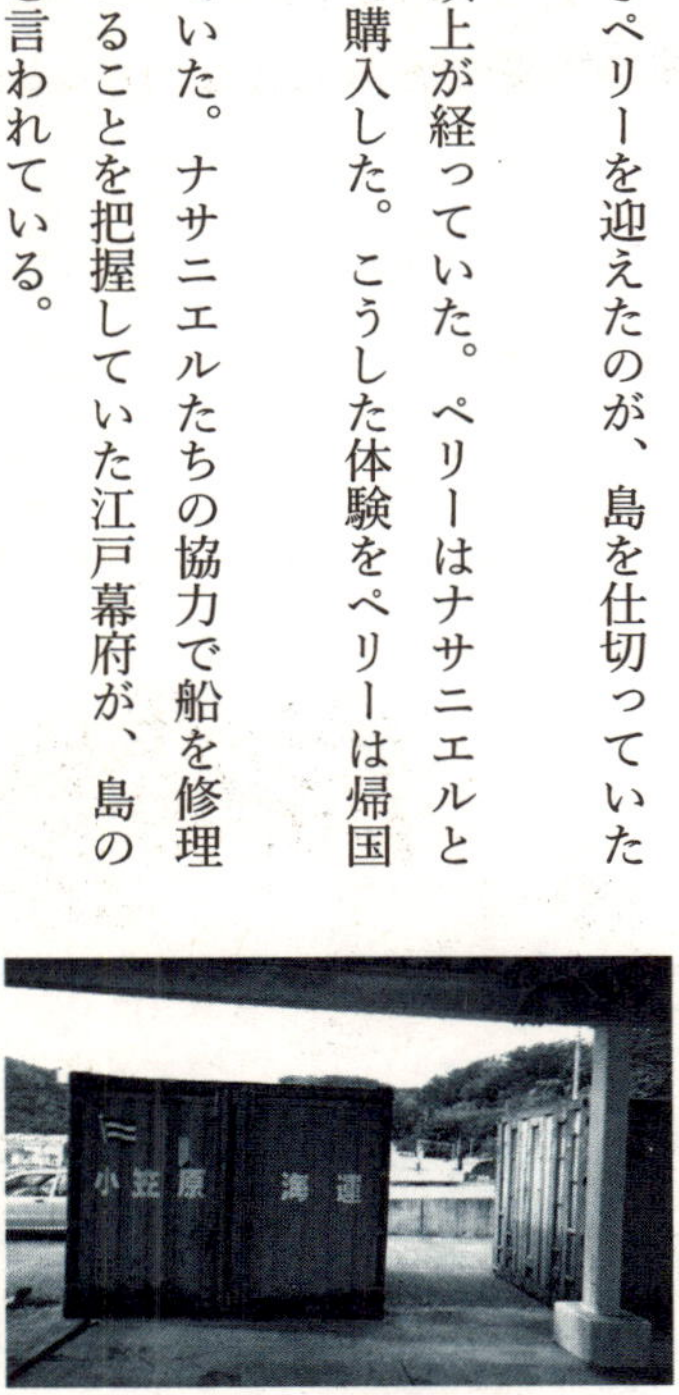

CIGARETTES
小笠原の有名な
ギョサン
ぎょさん
¥900
ぎょさん
ぎょさん
ぎょさん
ぎょさん
雑貨

江戸幕府、そして当時の列強であるイギリス、アメリカ両国が小笠原を巡って、牽制しあった。

英国公使のオールコックは、日本が島を領有するのではなく、他の国も使用できる「自由港」とするべきだと主張。一方、アメリカ公使ハリスは領有権には触れず、島に住んでいるセーボレーたち外国人の既得権の保護を求めた。アメリカは英国領になるよりも日本領となった方が得策だと判断していた。

一八六〇年、勝海舟、福沢諭吉たちを乗せた咸臨丸《かんりんまる》はアメリカに渡り、日米修好通商条約が締結。帰国後、咸臨丸は小笠原に向かい、幕府の外国奉行の水野忠徳がナサニエルと会見している。ちなみにこのときの通訳は、ジョン万次郎こと中濱万次郎だった。

その後、幕府が倒れ、明治政府が樹立。新しい日本政府が正式に小笠原領有を確立したのは、一八七六年の小笠原諸島規則制定からだ。

規則制定前年の資料によると、当時の人口は七一名。小笠原生まれが三七名、ハワイ出身が一〇名、英国籍九名、スペイン籍七名、ドイツ、フランス、ポルトガル籍がそれぞれ二名。その他が二名、中には日本人の婦人も二名いたという。

ナサニエルは一八七四年に亡くなっているため、この中に含まれていない。父島の山の中腹に墓地がある。欧米式の墓石と日本式の墓石が混在しているのが小笠原らしい。ナサニエルの墓は欧米式の白い石碑である。その隣に、東京都有形民俗文化財指定と書かれた真新しい標識が立てられている。墓には桃色の薔薇が供えられており、周りを赤と橙色の葉をした植物が彩っていた。

小笠原諸島規則の制定以降、開拓事業が進められた。温暖な気候を利用し、珈琲、ココア、サトウキビ、バナナ、マンゴ、オレンジ、レモンなどが栽培されるようになった。父島の大村には、気象台測候所、営林署、警察署、高等小学校、父島要塞司令部、海軍通信隊、母島には東京府小笠原支庁出張所、高等小学校、気象観測所、沖村警部補派出所が設置され、村落としての形が整っていった。

島の運命を大きく変えたのは、太平洋戦争だった。

当時をよく知る女性が島に残っている。イーディス・ワシントンこと、一九二一年生まれの大平京子さんである。

京子さんもまた、セーボレー家の系譜に連なる人間の一人だ。京子さんの祖母は、ナサニエルの娘のエスター・セーボレー。ナサニエルの曾孫に当たる。

「母親が江ノ島出身の日本人でしたから、会話はすべて日本語でした。父親は英語と日本語、両方話せました。尋常小学校、高等小学校までは、戦争も関係なくいい時代でした」

島の海岸沿いには木が植わっていた。海にせり出している樹木があり、京子さんたちはその太い幹に腰掛けて、海に釣り糸を垂らしていたという。魚釣りと海に入って泳ぐのが一番の楽しみだった。

京子さんの成長とともに、日本は戦争への道を歩いていた。

古くからの友人は京子さんを今でも「イーデ」と呼ぶ。イーデとは、イーディスを縮め

たものだ。戦争のあいだに、欧米系の住民は強制的に日本的な名前に変えさせられたため、二つの名前を持つようになった。

島の学校を卒業し、一九歳のとき、大阪へ住みこみで働きに出た。

「ここは辺鄙でしょ。本当の礼儀作法を学びたいと思ったの。日本の上流階級がどんなものか知りたかった。私が働いたのは、お医者さんのところでした。家が大きくて大変でした。お手伝いさんが何人もいて、書生さんもいたので、楽しかったですよ」

姉が病気だという電報を受け、島に戻ったのは一九四三年だった。太平洋に浮かぶ小笠原は、アメリカとの戦争の最前線となっていた。島に戻った翌年の七月に、小笠原、そして硫黄島の住民は強制疎開することになった。京子さんは、両親を母親の実家に連れて行ったあと、練馬区の軍事工場で働くことになった。

「こんな暢気なところで育った人間が軍事工場で働くなんて大変でした。仕事は朝七時から夜七時までと、夜七時から朝七時までの二交代制。流れ作業でね、一人が失敗すると、廃品になってしまう。みんなに迷惑がかかるから、居眠りこいたら大変。小銃の薬莢《やっきょう》を作っていたの。憲兵隊がうるさくて。夜勤の一五、六歳の若い子たちは眠そうで辛そうだった」

京子さんは工場で働いていた当時の写真を大切に持っている。もんぺ姿の若い女性の中で、京子さんは一際背が高く、彫りが深い顔つきは目立っている。敗戦に向かう重苦しい空気の中で、アメリカの血を引く京子さんが不愉快な思いをしたことは容易に想像できる。しかし、そのことを口に出すことはなかった。

終戦は、島民の人生を再び大きく変えた。

終戦翌年の一九四六年一〇月、横須賀から父島に向けて船が出航した。船には、小笠原の島民一三五人が乗っていた。中には、京子さん一家も含まれていた。

しかし、疎開していたすべての島民が島に戻れるわけではなかった。

沖縄、奄美大島、小笠原諸島は本土と分離し、直接アメリカ軍が占領行政を行うことになったのだ。島に戻ることができたのは欧米系島民だけで、それ以外の六〇〇〇人は戻ることを許されなかった。

「島に帰ると、家屋のほとんどは空襲で焼かれていた。私の家だけは辛うじて残っていたの。食堂として使われていたみたいで、寝室の押し入れを開けると缶詰が出てきた。日本の缶詰。兵隊さんの食糧だったんでしょう」

アメリカ軍が支配する島の公用語は英語になった。一九五六年に島で唯一の学校「ラドフォード提督初等学校」が設立された。

京子さんは島に戻ってから、やはり欧米系のネッドさんと結婚、長男のレーンスさんが一九五〇年に生まれた。

レーンスさんは、出来たばかりのラドフォード提督初等学校で学んだ。

「初等学校というのは、日本で言う小学校。当時は中学一年まであった。三〇人ぐらいいたかなぁ。学校ではすべて英語。生徒同士では日本語が混じっていたけれど、先生とは全部英語で話した」

当時の島は周囲と隔絶されていた。新聞や雑誌はもちろんない。

夜中に、父親の立てたアンテナで日本のラジオを辛うじて聞くことができた。雑音混じりの日本語をレーンスさんは理解できなかった。

初等学校を卒業すると、レーンスさんはグアム州立の学校に進学した。

「英語は苦労しなかった。ただ、RとLの発音だけは直されたかな。グアムは都会だと思った。この島よりもずっとでかいし。小笠原にいるときは、無人島にぽつんと落とされたみたいで、外の世界がどんな風になっているのかわからなかった。人類がどこに進んでいるのか検討もつかない状態だったんだ」

学校は楽しかったが、グアムでの生活は摩擦も少なくなかった。

「グアムの人間とうまくいかなかった。殴りっぱなしだった。なめられたというか、あいつらは二人、三人と集まると気が大きくなる。喧嘩を売ってきたから買った。グアムには、パラオから同じように来ている人間がいた。同じようなビザでね。そういう人間とはアイデンティファイしたね」

しばしばレーンスさんの言葉には英語が混じってくる。「その時代、自分がどこの国の人間なのか、わからなくなったんじゃないですか」と尋ねると少し考えた。

「そうだった……かもな」

小笠原からの学生は、アメリカ海軍基地内の軍人宅で家事を手伝いながら住んだ。家主は「スポンサー」と呼ばれていた。

「月に五ドルの小遣いをくれた。スポンサーの奥さんが日本人だったこともあった。旦那がいるときは英語を使ったけれど、それ以外は日本語で話していたね。優しくしてくれるどころか、一番厳しかった。日本の女は恐ろしいと思った。外人と結婚して、自分が偉く

息子と海岸を散歩して夕陽を見る。
波の音が聞こえて、最高の気分だよ。

好物は、亀とくさや。

なったような気分になったんだろうね。日本とアメリカの悪いところを混ぜ合わせた性格というか——」

レーンスさんが高校二年生のとき、小笠原は日本に返還された。

「グアムに日本の新聞記者が来て、取材を受けた。グアムで日本のパスポートをもらったんだ。初めてのパスポート。それまでは日本政府の身分証明書は一切持っていなかった。軍の預かり。そのＩＤを持っていたら、ベース（駐屯地）でもＰＸ（駐屯地の売店）でもどこでも入れた」

一九六八年六月二六日、返還の当日にアメリカ軍の飛行機で帰国。現在の自衛隊の基地で、レーンスさんは返還の儀式に立ち会った。

「すごくいい天気だったのを覚えている。星条旗が降りていくのを見て、寂しかったね」

アメリカ人でもなく、日本人でもない。宙ぶらりんな自分の立場を強く意識するのはそのあとのことだ。

「翌年に出来た都立小笠原高校の三年生に編入した。大変だったんだよ。日本語の書き方、ひらがなもカタカナも知らない。学校のほかに毎晩、一、二時間、あいうえおから始めた。漢字なんかどうしようもなかったね」

高校は一年で卒業したが、日本人として生きていくには語学力が足りないことを自覚していた。

「あと一年アメリカの高校に通えば、アメリカの卒業資格が取れた。だからグアムに戻ることにした。再びスポンサーのところに住んで、夜学に一年半通って卒業した」

卒業後、レーンスさんは小笠原に戻ってきた。日本に復帰したばかりの小笠原は、道路等の公共工事が進んでいた。

「半年間、小笠原で土方をやった。本土の東京で働いて一日二〇〇〇円だった時代、五〇〇〇円もらえた。あの当時の五〇〇〇円はすごいよ。お金を貯めて、アメリカに飛んだ」

日本本土に行くことはまったく考えなかった。日本よりも大きなアメリカに憧れていた。日本よりアメリカに親近感があったという。

「アメリカの軍隊に入って、よその国に行きたかった」

サウスキャロライナで訓練を受け、オクラホマを経て、希望通りドイツに赴任した。

「入隊して最初の二年ぐらいは楽しかった。でも、酒飲んで問題ばっかり起こしてさ、大変だったよ。俺の行くところはＭＰ（軍警察）に狙われた」

三年で除隊、電気関係の専門学校に通い、アメリカ国籍を申請した。そして、シリコンバレーで九年、その後サンディエゴで働いた。小笠原には戻らないつもりだった。

「仕事は順調だった。給料も良かった。サンディエゴに家を買ったんだ。でかい寝室が三つもある家だった。いずれは親を呼び寄せるつもりだった。俺の親って、こんな小さな島で生活している。海で囲われているから、外に出ることができない。小さな籠の中の鳥みたいじゃない」

アメリカに渡って、最初の七年間は一度も帰国しなかった。その後は、仕事で東京に訪れた際、二週間程度の休暇をとって島に戻ってきた。

「それ以来だいたい四年に一度は戻ってきていたかな。東京に行っても自分の国とはまったく思わなかった。だけど小笠原に戻ってくると、自分の国だと思う」

アメリカに永住するつもりだったレーンスさんの心が揺れたのは、父親の死がきっかけだった。

「アメリカに連れて行ってお袋が幸せかと考えるようになった。アメリカは、壁を作らないと生活できない。周りの壁がセキュリティなんだ。どこに行くにも車なのは、周りを囲まないと外に出られないから。アメリカはでかい大陸なんだけれど、自由が利かない。この島は小さいけれど、自由がある。家に鍵なんかかけない。どこにでも歩いて行ける。こっちにいた方が自由があるし、幸せだと思った」

島に戻ったレーンスさんは『ヤンキータウン』というバーを経営している。

バーは不思議な造りになっている。木を組み合わせて作った二階建ての小屋の真ん中に、太い幹をした木が天井を突き抜けているのだ。

「タマナという木なんだ。樹齢六〇〇年とか言われているけれど、はっきりわからない。元々お袋がこの土地を持っていた。この木を切るという話もあった。でもこれだけの木を切る権利は誰にもない。木をそのまま利用しながら店を作ったらこんな造りになった」

土台造りだけは知人の設計士に頼み、あとはレーンスさんが一人で窓や扉の位置決め、電気関係を整えた。

入り口には、〈ここでは客は平等である。そして、私たちにも客を断る権利がある〉という主旨が書かれた、英語の看板が掲げられている。

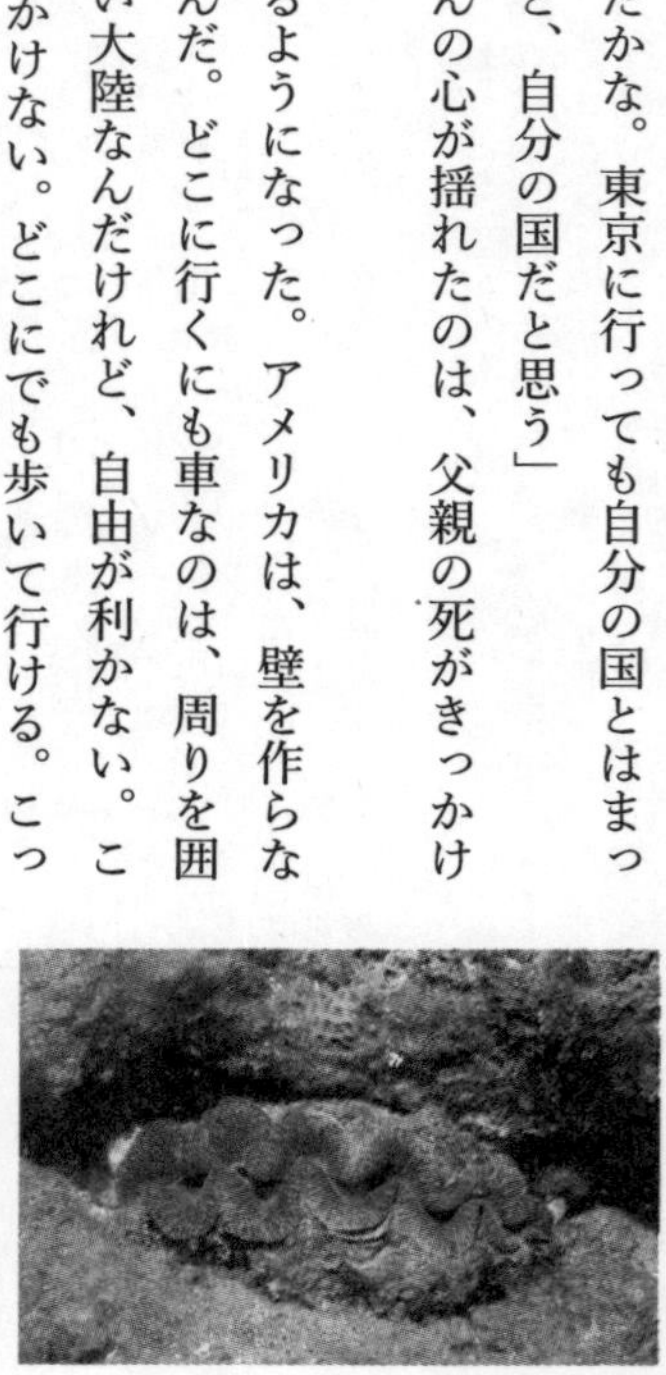

南硫黄島
330km
65km
963km
272km
東京
南鳥島
207km
7km
弟島
123km
3km
兄島
母島
51km

このバーが変わっているのは、造りだけではない。店のメニューには、飲み物と乾き物しかない。

「元々エンジニアだから、効率を考えるんだ。料理を出すともう一人雇わないといけない。冷蔵庫、冷凍庫、電気代もかさむ。経費を稼ぐために仕事をしなければならないと、オーナーは奴隷になる。ばかばかしい。その代わり食べ物は持ち込みオッケー。こんな店は島になかった。最初は色々言われたよ。食べ物がないから行かないとも言われたことがあった。そのとき俺は、来なくていいと答えた。客は、酒代だけで安く宴会ができる。コストを抑えて宴会ができるのは島でここだけ、とだんだんみんなもわかってくれた」

店が開くのは夜八時、だいたい夜の二時か三時まで開いている。

海はすぐそば。虫の声を聞きながら、開放感のある店で飲むビールは美味い。本当に居心地のいいバーなのである。

そう褒めるとレーンスさんは照れくさそうな顔をした。

「俺が人生でどれだけのバーに通ったと思ってるんだ」

なるほど、である。


小笠原の美しい自然は人を惹きつける。

平賀秀明さんが初めて小笠原に来たのは今から三〇年以上前のことだ。

「元々は東京の生まれ。沖電気の品川工場でサラリーマンとして働いていた。ところが、工場が埼玉に移転するという。困ったなと思った。品川近辺には趣味の釣り仲間がたくさんいたからね。田んぼのど真ん中の工場に転勤になってしまうと釣りができない」

そんな折、知人から誘われ休暇で小笠原に行った。

「こんなに素晴らしい海があるんだと思って、戻ったら辞表を出した。もちろん周囲は大反対。親族会議まで開かれた。とにかく次の仕事までのつなぎだと言って、小笠原で漁師の手伝いをすることにした」

半月働くと、「お前の取り分だ」と封筒を渡された。中を開けてみると八万円が入って

いた。会社員時代は手取りで十数万にしかならなかった。好きなことをしながら十分なお金を稼ぐことができるとはなんていい商売なのだと思い、移住を決心した。

「それから三五年以上。漁師として独立したのは、島に来て七年目。今の船は三隻めになる。漁師になって後悔は……まったくないね。好きなことだから」

同じ東京都でも違った文化の中にいることを思い知らされたこともある。

島の人間が大騒ぎをしているので港に行ってみると、大きな亀がタイヤの上で仰向けになっていた。みな「亀だ、亀だ」と喜んでいたのでよく見ると、甲羅を銛が貫通していた。すぐに解体しないと、血が回って肉が臭くなってしまうのだとその場にいた男が興奮気味に言った。

亀の手足を大きな包丁で切り落とすと、勢いよく血が吹き出した。その血を人びとはこぼさないように桶に入れた。その場で飲んでいる人もいた。

亀は神の使いであり、捕まえたとしても、酒を飲ませて海に帰す地方もあると聞いたことがあった。そんな神聖な生き物もこの島の人は食糧と考えているのだ。

口の周りを亀の血でべっとりとさせた人を見ていると、この人たちに自分は食べられてしまうのではないかと怖くなった。あとから聞くと、亀の血には栄養があり、一杯飲むと二、三日食事をしなくてもいいほどなのだという。

島の常識にとらわれない平賀さんは島の漁業を変えた。当時小笠原近海ではマグロの一本釣りが盛んだった。夜になると烏賊が浮いてきて、それを食べるために現れるマグロを釣り上げるのだ。

平賀秀明

これらのマグロは昼間どこを泳いでいるのだろう。平賀さんが五〇〇メートルの深さまで仕掛けを降ろしてみると三匹のマグロがかかった。

「朝一番に戻ってくる船にしかマグロは捕れないと思われていたから、大騒ぎだった。ほかの漁師も昼間に出るようになったのだけれど、うちの船しかマグロはかからない。ある日、隣の船と道具が絡んでしまった。仕方なく仕掛けを揚げるとほかの船が回り込んで見に来ていた。集魚灯を海の深い所まで入れていることがばれてしまったんだ。その日のうちに、そのやり方は島中の漁師に知られてしまった」

その後、平賀さんの狙いはマグロからメカジキになった。様々な漁法を考案し、テレビ番組で〝名人〟として取り上げられたこともある。

現在、平賀さんは、奥さんの洋子さんとともに母島に住んでいる。洋子さんは一年後に、平賀さんを追いかけて島へやってきた。洋子さんが切り盛りする宿『クラフトイン・ラ・メーフ』は母島の漁港から少し坂を登ったところに立っている。白壁、三角屋根が印象的な建物で、小笠原で最も人気のある宿である。

父島、母島を歩いていると、日に焼けた若い女性を見かけることが多い。子供の数も多い。地方は過疎化しているというが、この島は別のようである。

「内地に住んでいたら、子供がたくさん欲しいなんて思わなかったでしょうね」

と言うのは母島に住む木村美子さんである。木村さんには七カ月になる息子がいる。

鮫の皮でメカジキを釣るんだ

「高校時代からサーフィンをやっていました。葛西にあるダイビングの専門学校を卒業して小笠原で働くことになりました。初めてこっちに来たときは何もなくて驚きました。離島に来るのも初めて。ここで生活していくのは正直無理かなと思いましたね。でも、すぐにここの海に惚れてしまいました」

ダイビングに来る人の多くは、この島のイルカが目当てである。

「一回で見ることのできる人もいますし、何度来ても見られない人もいます。イルカってすごく賢いんですよ。初心者の方のために体験ダイビングをしているとき、イルカが来たんです。驚かせたら駄目だと思ったんでしょうね、しばらくして、お客さんが慣れてから近寄ってきてくれたこともありました」

客を連れて潜っていたとき、ちょっとしたミスをしたことがあった。客から叱られるかなと思っていると、イルカが現れた。イルカを見た客は大喜びで、木村さんのミスは忘れられていた。

「イルカが私のことを助けてくれたんだと思いました」

島に来て一カ月後、現在の夫と交際を始めた。彼は埼玉県出身で島に来て漁師をやっていた。

「島で付き合うのは難しいんです。狭い世界ですからね。一緒に歩くのにも人目を避けなければならなかったり。今はずいぶん変わりましたけれど」

結婚後は、港まで夫を迎えに行き、しばしばそのまま夕日を見にドライブに出かけた。この島は家族とゆっくり時間が取れるところがいいと思った。

この島に郵便を出すのは簡単よ。
小笠原島と名前だけ書けば届くんだから。

島に医院がないため、出産二カ月前から内地に戻った。産後一カ月してから島に戻ってくると、自分の場所だとほっとした。

「ダイビングのインストラクターはもうやめました。二人目、三人目の子供が欲しいんです。産むまでは大変ですけれど、島で子育てはしやすいと思います。みんなが手伝ってくれる」

船に丸一日揺られないとたどり着けない僻地は、内地との距離をしっかりと保つことができる。交通の便が悪いため、大規模なリゾートホテルもなく、観光という陳腐化から逃れている。日本全国の風景を画一化しているコンビニエンスストアなどのチェーン店もない。小笠原らしい、伸びやかな景色がある。

小笠原らしい景色――いやそうではないかもしれない。かつて日本のどこにもあった懐かしい景色のような気もする。そして、ここには、自分の流儀を持った大人が多い。

非常に都会的な僻地なのである。現在では、不便であることが、この上ない贅沢なのだ。

第四章　沈みゆく未来…ツバル

TUVALU
TUVALU
25¢
Montipora capricornis
AIRMAIL
Greetings from Tuvalu!

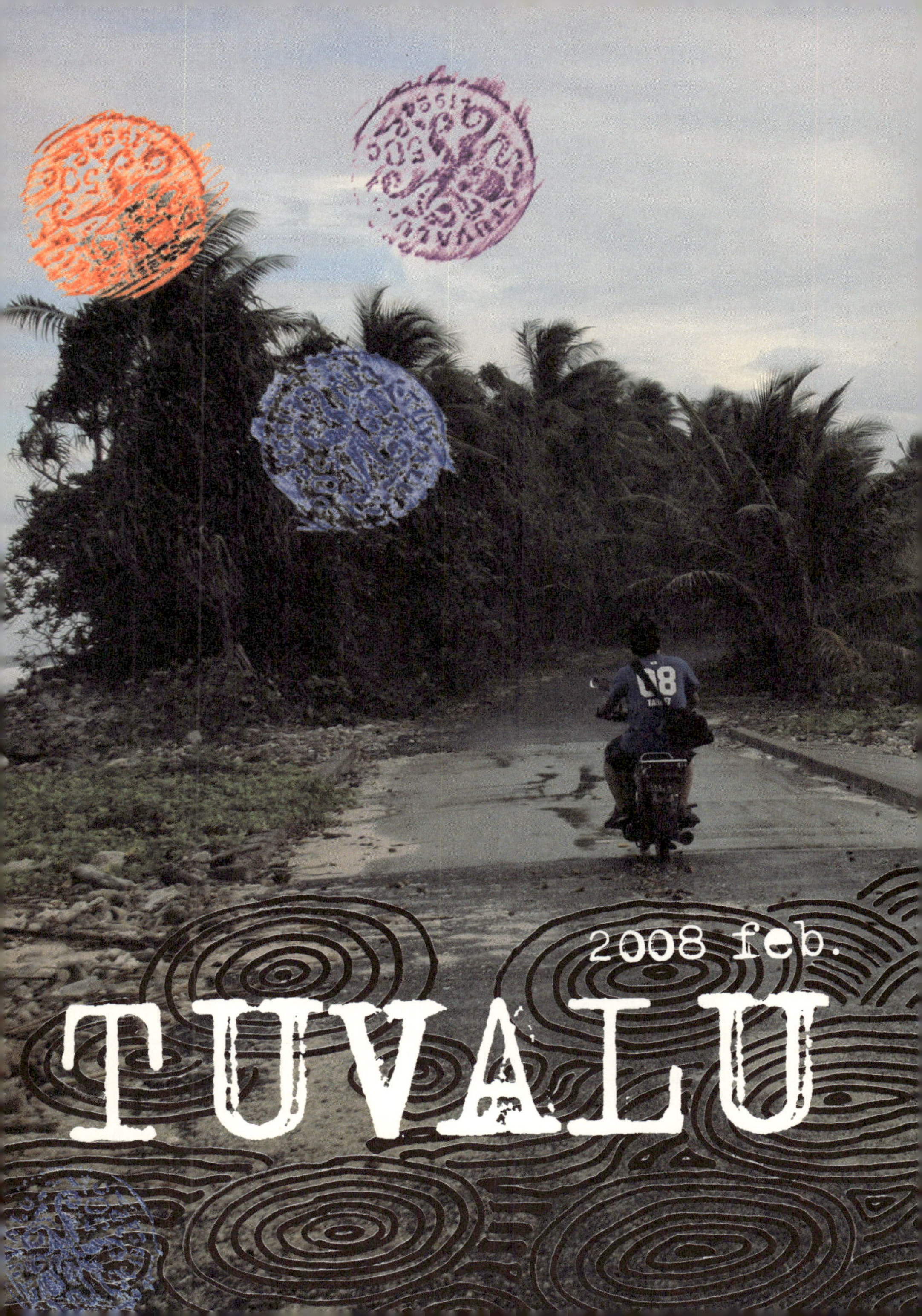
2008 feb.
TUVALU

当たり前のことをわざわざ言うのは胡散臭い。

たとえば、すべての戦争に反対であるというのもそうだ。できることならば暴力を避けるのは当たり前のことである。

しかし、不法に他の民族に占領され、虐げられている人間でさえも、武器をとってはならないのか。平穏に話し合いで解決すればいいが、話し合いにならない相手もいる。世界はそんなに簡単ではない。やむにやまれぬ暴力まで否定するのは、現状容認しかできない意気地なしではないのか。

エコもそうだ。

そもそも人間は地球にとって迷惑な存在だ。生きていくためには、ほかの生き物の命を奪って、食いつないでいく。文明生活は、他の動植物を傷つけて成り立っている。ちょっとした罪悪感を感じながら、人は生きていくべきなのだ。

エコだのロハスだの言うには、お金と余裕が必要だ。高級外車に乗り、散々美味いものを食べた人間が、安全な場所にいながら、自己満足で心の贅沢に浸っているだけでないのか。あるいはそれを商売に利用しているのではないか。

元々、ぼくは自動車を持っていない。自転車と三〇年落ちの古いオートバイにときどき乗る程度である。冷暖房も最小限。エコなどと言われるずっと前から、こんな生活をしている。

『不都合な真実』などで地球温暖化防止を訴えていた元米副大統領アル・ゴアの自宅の電気代が三〇万円を超えていたと報じられたことがあった。綺麗事を声高に言っている奴ほど腹の中は黒いのだ――とひねくれたぼくが囁く。

だから、ツバルにもあまり興味はなかった。

南太平洋の美しい小さな島に、純情無垢で素朴な人たちが住んでいる。先進国の文明的生活の影響で、地球温暖化が進行。氷河が溶け出して海面が上昇、島が沈んでしまう。

小学生のときに『日本沈没』という映画が流行った。ぼくは自分の立っている大地が沈んでしまうと思うと怖くて仕方がなかった。日本と同じように海に囲まれたツバルの人びとの恐怖を、日本人は理解できるはずだ。

世界で初めて、国そのものが消えてしまう。だから哀れな人びとを救わなければならない――。

あまりに良く出来た話である。

良く出来た話をそのまま受け取れない人間は、ぼくだけではなかったようだ。

『ニューズウィーク』は「温暖化ツバルの不都合な真実」という記事を掲載していた。ツバルの主たる収入は、外国からの援助である。港湾、病院、道路建設などの公共事業はすべて外国の援助でまかなわれている。

外国援助への依存は腐敗を生み出しているという。

記事の中ではドイツのNGOトランスペアレンシー・インターナショナルの二〇〇四年の報告を引用している。

《閣僚は国内外の会合などに出席する際、滞在期間を延ばして不当な日当を受け取ったり私的な海外旅行に公費を流用している疑いがある》

MITSUBISHI
JAPAN
Official Development Assistance

ツバルに限らず、南太平洋諸島の大半の国で、政府関係者は毎年長期間の国外出張をしている。給与はそれほど多くないはずの政府関係者の多くがオーストラリアやニュージーランドに別荘を持ち、子弟を海外で学ばせているという。

このニューズウィークの記事の方が、ぼくの心にすとんと落ちた。純朴で哀れな人だけが島に住んでいるはずがない。そして、ツバルに行ってみたくなった。

日程表を眺めて、改めて僻地に行くことを実感した。

ツバルは、南太平洋に浮かぶ九つの島から成り立っている。日本からの直線距離で比べれば、約七〇〇〇キロ、オーストラリアまでとそう変わらない。

安いエアーチケットを選んだこともあるが、まずは成田から韓国のインチョン。インチョンで飛行機を乗り継ぎフィジーのナンディへ。

ツバルへはフィジーの首都スバからしか飛行機が飛んでおらず、週に二便しかない。飛行機の時間を合わせるためナンディに二泊しなければならなかった。

火曜日の昼に成田を出て、ナンディに到着するのは水曜日の朝。金曜日早朝の国内便でスバへ移動。飛行機を乗り継いで、ツバルの首都フナフチにたどり着くのは現地時間で昼過ぎ。ずっと移動しているわけではないが、結果として三日と数時間もかかることになる。

南半球の二月は夏真っ盛りである。

スバを出た飛行機は、青い海の上を飛んだ。海の中にエメラルドグリーンに囲まれた小

さな島が見えた。南太平洋には、ツバルと同じように珊瑚礁の上に出来た島が点在している。窓から見える景色を眺めていると、地球を離れて別の星に行くような気分になっていた。

うとうとしていると飛行機はゆっくりと下降していた。空は曇っていた。雨が窓硝子に叩きつけられた。飛行機は島の周りをゆっくり回った。ツバルは、人の横顔の輪郭のような形で細長い島が繋がっている。

いったいこんな帯のような島のどこに到着するのだろうと思っていると、飛行機は揺れながら細い島と平行に飛び、次第に高度を下げた。そして水しぶきを上げながら、コンクリートの滑走路に降りた。

空港というよりも、ただの広いコンクリートの道路だった。人びとは飛行機を降りると滑走路のそばの小屋に向かった。人で寿司詰めになった小屋の中で待っていると、オレンジ色の鉄製の台車に載せられて、預けた荷物が運ばれているのが見えた。

「はじめまして。マークだ」

ささやかな入国審査を通り抜けると、太った色の黒い男が待っていた。刈り上げた縮れた黒髪、太く短い腕が身体に埋まっていた。顔つきはいかついが、小さな目は優しい。英語は話せるのかと尋ねると頷いた。

「マークは本名?」

「いや、あだ名だよ。本当はマクザって言う。ほかの国の人には呼びにくいからマークにしている。フィジーにいたときからそう呼ばれている」

「フィジーにいたことがあるの」

「ああ。ここの小学校を出たあと、フィジーの中学校に行ったんだ」

「この島にも中学校はあるよね？」

「うん。でも親父からフィジーの方がいいと言われたんだ。親父もフィジーで勉強していたからね」

フィジーに留学したということは、島の中でも裕福な部類に入るはずである。

「君のお父さんは何をしているの」

「宿を経営している」

出迎えに来た宿の従業員だと勝手に思っていたのだが、実は宿の御曹司だったのだ。

「親父の本職は銀行さ。国立銀行で働いている」

まさに、政府の役人が経営する宿に泊まることになったのだ。


マークの運転する車は空港から二、三分も走ると舗装された道を外れた。洗濯物が吊るしてある民家と椰子の木のあいだを入り、大きな水溜りを避けるため、ゆっくりハンドルを切って走った。

「到着だよ」

空港から五分も経っていない。さすがに小さな島である。あとからわかったことだが、ぼくたちの走ってきた舗装路が、この島のメインストリートだった。

STORE

マークの父親が経営する宿は、木造の二階建てだった。入り口の扉を開けると、中は建設途中の家のように木の柱が剥き出しになっていた。手前にはプラスティックの椅子や大きな冷蔵庫があり、奥はマークたちが生活する場所のようで、色とりどりの洗濯物が吊るしてあった。

入って左が食堂、その奥が客室になっていた。こちらはちゃんと壁があった。

部屋は薄緑色に塗られていた。ベッドのスプリングはゆるく、座ると妙に沈み込んだ。天井には扇風機がある。当然エアコンはなく、シャワー、トイレは共同。

もっとも、まったく不満はない。

荷物を置いて部屋を出ると、食堂にマークが座っていたので、「ここはいつオープンしたの？」と尋ねた。

「二〇〇五年からさ。それまで島には観光客が泊まる場所がほとんどなかった。この島は最近有名だろ。だから親父が始めたんだ」

「それはそうと、さっきフィジーの中学に行ったと聞いたけれど、どうして戻ってきたの？」

「それは……」

マークは頭を掻いた。

「煙草と酒でさぁ、退学になっちまったんだよ」

「お父さん、怒ったんじゃないの？　折角フィジーまで行かせたのに」

「そうなんだよ。えらい怒りようで、ぶん殴られたよ」

それでもマークは懲りなかった。ツバルの中学校に編入したが、またもや喫煙で退学になった。

「その後は、ニュージーランドで大工をやっていた。あそこはいいところだった」

「それで戻ってきて今は、宿の手伝いをしているんだね」

「Tシャツを作って観光客に売ったりもしてるよ。あんまり儲からないけれどね。でも、この島はそれほど金がなくても生活できる。この島のいいところだ」

近い将来この島は沈んでしまうだろう。ほかの国でも生活できるよう、きちんとした教育を受けさせたいと、親はフィジーに送った。安くない費用を払って留学させたにもかかわらず退学。しかし、まったく反省していない。

正真正銘のどら息子だった。

だが目の前にいるどら息子は、不思議な愛嬌があった。

「ねぇ、君のことを日本風に呼ぶことにするよ」

「いいね。俺は日本に興味があるんだ。今度タトゥーを入れようと思ってさ。いい日本語を教えてよ」

「タトゥーに合うかわからないけれど、マークンというのはどう」

「マークンか……」

マークは呟いた。もっと東洋的な呼び方を期待していたのか、拍子抜けしたようだった。

マークと話しながらずっと子ども時代の友人、マー君を思い出していた。勉強は出来ないが、いい奴。身体はでかいが、気が弱く喧嘩はからきし駄目。本名は忘れたが、マー君

UKI. ZALETIUTE.
NUKUFETAU KID.
FROM the Three Japanese.

昨晩から飲みっぱなしだよ。もう昼か。

お前も飲むか？ 飲めよ。

はそんな男の子だった。マークとマー君がぼくの中で重なった。

「マー君は、この島が沈むことについて、どんな風に思っているの?」

ぼくが尋ねると、強く首を振った。

「沈んでいるとは思えないんだよね。みんながそう言うけれど、俺は信じていないんだ」

「でも、海岸線に生えている椰子の木がどんどん海に向かって倒れている写真を見たよ。根の部分を覆っていた土が海に流れているからだと聞いているけど」

「昔からあんな感じだよ。だって、島に人は増えているしね。本当に沈むならみんな引っ越してこないだろ」

「ほんと?」

「ほんとさ。中国人の店が増えている。フィジーやほかの小さな島からも移り住んできている。この島、観光客が来るからね」

想像していない答えだった。誰もがこの島を逃げだそうとしていると思っていた。

「仮にだよ、この島が沈んだらどうする」

マー君は少し考えてから答えた。

「島を出て行くよ。ニュージーランドに住む。あそこの女の子は綺麗だからね。ところで、今晩は何してる」

「まだ決めていない」

「今日は、クラブが開く日なんだ。踊りに行こうぜ」

ツバルの面積は九つの島を全部合わせても、二六平方キロメートルしかない。バチカン、モナコ、ナウルに続き世界で四番目に小さな国である。港区より広いが、杉並区よりは狭い。

小さな島ではあるが、細長い。三〇度を超える気温、雨が上がったばかりで高湿度の中、歩いて回るのは辛い。宿の近くに古いスクーターがたくさん停めてあるのが見えた。レンタルバイクだった。運転免許を出そうとすると、店の男は手で制した。

「名前を書くだけでいいよ」

島に着く飛行機は週二便しかない。どこかに逃げることもできないのだ。もっとも持ち逃げしようという気が起こる代物ではなかった。

中国製のスクーターは、シートを留める金具が腐っており、座ると横にずれた。キックペダルを踏むとかすかにエンジン音がした。アクセルを開けつづけていないと止まってしまった。

鉄くずのようなスクーターでもないよりはましである。

アクセルを全開にしても、蚊の鳴くようなエンジン音で速度は出ない。ブレーキがまったく効かないので、丁度いいのかもしれない。もちろんヘルメットは不要だ。

空港に戻ってみると、まだ飛行機が停まっていた。折り返し運転で客を載せて再びフィジーに向かうのだ。

滑走路には見慣れた赤色の消防車が見えた。懐かしいと思ったのは当然で、ドアに『J

APAN』と書かれていた。日本から支援で送られてきたものだった。乗っていた男は、ぼくと目が合うと、誇らしげな顔でにこりと笑った。

目が合うと人びとは微笑みかけてくれる。ただ、どうもこの島は落ち着かない。少し考えて理由がわかった。

ゴミが多いのだ。

メインストリートの両脇には平屋建ての家が並んでいる。どの家の前にも椰子の木が植えられており、根もとには割られた椰子の実が乱雑に捨てられている。海岸に出てみると、珊瑚礁の隙間には、空き缶やビニール袋が引っかかっていた。

灰色の空から雨粒が落ちてきた。一一月から二月は雨期にあたる。まだ雨期が明けていないようだ。今日は出かけない方が良さそうだ。宿に戻ることにした。

夜九時になって、部屋の扉が強く叩かれた。

「踊りに行こうよ」

宿の御曹司、マー君だった。

クラブも歩いてすぐの場所にあった。鉄製の柵の中に木のテーブルを置いて、入場料を集めていた。一人二フィジードル。この国は自国の通貨を発行しておらず、隣国の通貨を使用している。日本円で一〇〇円しない。

入場料を渡すと、机の上のノートにボールペンで入場者数を書いていた。妙なところはきちんとしている。

中は真っ暗だった。天井からおもちゃのような銀色のミラーボールが吊るされていたが光が少ないため効果を発揮していなかった。客は男、それもかなり年配の男のようだった。カウンターに座っていた男は、ぼくと目が合うと、持っていた缶ビールを上げて会釈した。暗くてはっきりしないが、年格好からして六〇歳を越えているだろう。

ＶＢ、ヴィクトリア・ビターというオーストラリア産の缶ビールが一本三フィジードル。カウンターでビールを飲んでいると、暗闇に目が慣れてきた。

このクラブもマー君の家と同じように、建設途中の家屋のように骨組みだけで、壁がなかった。

「踊らないのかい」

肩を叩かれたので振り返ると、マー君だった。

「女の子がいないね」

「これからさ」

マー君の言う通り、しばらくすると、ピンク色や黄色の派手な服を着た女性が入ってきた。彼女たちは浅黒い肌をしているので、顔が見えない。

痩せた体型で判断すると、かなり若そうだった。昼間、スクーターで走ったとき、この島の女性はある一定の年齢を超えると、横に膨らんでいくことがわかっていた。

二拍子の音楽が始まると、皆が歓声を上げて踊りはじめた。安っぽいキーボードの音とすかすかの電子楽器のリズムだった。みなが盛り上がるほど魅力的な曲ではなかった。

「ツバルの曲なんだ」

マー君が耳元で大きな声を出した。

Peau. Maka

島の踊りをテファレといって、
結婚式のときは必ず踊るんだよ。

SAIGON

SAFETY FIRST
DNC
DAI
NIPPON
CONSTRUCTION

リズムに合わせて、男が四股を踏むように踊った。腕は太く、ラグビーの選手のようだった。頑強な体つきの男たちが踊る姿からは、強い生命力が感じられた。悲劇の島の住民とはほど遠かった。

「毎日、こんな感じなのかい？」

マー君は首を振った。

「島にはクラブが二軒あるけれど、両方週に三日、木曜から土曜だけ開いている」

半時間踊りを眺めていたが、飽きたので帰ることにした。「もう帰るの」とマー君は意外な顔をした。残ればいいと言ったのだが、マー君も一緒に宿に戻ることになった。

外に出ると、雨がぽつりぽつりと落ちてきた。目の前を車が猛スピードを出して通りすぎた。

走り去る車をマー君は指さした。

「昔は一台もタクシーがなかった。俺が初めてフィジーに行ったときはタクシーに驚いたもんさ。今は島に二〇台も走っている」

こんな小さな島で、二〇台ものタクシーの需要があることが信じられなかった。

ツバルは海の中に沈みながら、繁栄しているようだった。

目を開けると、天井の扇風機がものすごい勢いで回っていた。起き上がって、外を見るとまだ暗い。夜明けを見たいと思っていたので好都合だった。急いで着替えて、サンダルで外に出た。

夜明け前は涼しく、少々冷たい空気が心地よい。滑走路に行ってみると、五時前だというのに、自転車に乗った子供がいた。地平線が赤くなり、太陽が昇りつつあった。滑走路の一番端、海に近い場所に車やオートバイが停めてあり、人影が見えた。近づくと、でっぷりと肥えたこの島の体型の人たちが、数十人が集まってゴザの上に座り、無言で空を見ていた。周りにはビールの空き缶が転がっていた。飛行機が飛ばないとき、滑走路は宴会場に使われているのだ。

滑走路は様々な使い方をされていた。日が昇る前の涼しい時間でなければ運動ができないのだろう、男が黙々とランニングしていた。宴会の反対側ではゴザを敷いて、二人の男が寝相良く並んで寝ていた。

ツバルの人は、外で眠ることに抵抗がないようだった。道を歩いていると、玄関の前でうつぶせに倒れた姿勢で寝ている人を何度も見かけた。ほかの国ならば事件が起こったのかと大騒ぎになるはずだ。

宿に戻ってトイレに行くと、便器に親指ほどのカリントウのような便がぷかぷか浮いていた。

ちゃんと流せよと思いながら、水洗の紐を引いた。水がゆっくりと流れてきたが、流れが遅いからか、内が空洞なのか、カリントウはくるくると回るだけだった。宿に泊まっている白人の男のものに違いない。ひょろひょろと背の高い、いかにも〝エコ〟に興味がありそうな、生気のないノルウェー人だった。昨日のクラブで踊っていたツバルの男たちと

は大違いだった。

朝食までまだ時間があった。スクーターに乗って島をまわることにした。

北に向かって走り、民家が途切れたところで、ぼくは思わずブレーキをかけた。池一面がゴミで埋めつくされていた。それも半端な量ではない。錆びた冷蔵庫のような大きなものから、ペットボトル、空き缶、木片、網、プラスティックトレー、ありとあらゆるものが捨てられていた。

ゴミ捨て場は何カ所もあった。ゴミが積み上げられた山の上で、小さな子供が錆びにまみれた灯油缶のようなものを鉄パイプで叩いて遊んでいた。

最も大きなゴミ捨て場は、フナフチのあるフォンガファレ島の北端だった。まさにゴミの博物館だった。折れ曲がった鉄のコンテナ、車、パソコンのディスプレイ、古タイヤ、段ボール、生ゴミが入っているであろう黒いビニール袋、空き瓶、紙くず――。スクーターを降りてゴミの山に近づいてみると、見覚えのあるものが目に付いた。

ここに来るときに乗ってきた飛行機で配られた機内食のプラスティックの容器が多数転がり、残飯に無数の蠅がたかっていた。

いったい、この島はどうなっているのだ。ぼくは島を走りまわった。

浅瀬に座礁している錆びた船、転覆したヨット、びっしりと雑草が生えた工事用の重機、骨組みだけの錆びた自動車、人間の生活に関するありとあらゆる物が捨てられていた。

島の端に、極端に道路が細くなっている場所があった。椰子の木の幹が海側に大きくゆがんで、痛々しかった。海面が上昇して島が沈みつつあることを示していた。ただ、それよりもゴミだ。ここはゴミの王国だった。

パフキと知り合ったのは、島の学校を覗いたときだった。

鮮やかな薄青色で塗られた窓枠の教室の真ん中に、木のテーブルを置いて卓球をしていた。アフロヘアーで長身のパフキは、巧みにラケットをさばいていた。ぼんやり卓球を見ていると「中に入りなよ」と手招きされたのだ。

「日本には行ったことがあるよ。フクオカという街だった。一〇歳のとき、文化交流の目的で招かれたんだ。まったくツバルとは違った世界だった。ゴミの少ない綺麗な街だったことを覚えているよ」

パフキは、フナフチにあるフォンガファレ島よりもさらに小さい島の出身だった。

「来週の飛行機で、フィジーの学校に行くことになった。奨学金をもらったんだ。勉強してこの島に戻ってくる。小学校の先生になりたいんだ」

二一歳という実年齢よりも落ち着いて見えた。

「君は日本に行ったときゴミがないと感じたという。この島はゴミだらけだ。ひどいよね」

「一つはゴミを処理する場所が島にないからだよ。だからゴミ捨て場がどんどん増えていったんだ。そしてもう一つ、島の人たちは、ゴミは捨てておけば土に返ると考えているんだ。特にお年寄りはね。金属やプラスティックでも、残飯と同じだと考えているんだ」

「ゴミの中には、パソコンのディスプレイやコピー機のような、この島と結びつかないようなものまで捨ててあった。あれは外国から援助として送られたものなのかな。使われないままに放棄されている援助物資もたくさんあると聞いているのだけれど」

パフキはわからないと首を振った。

「ところで、この島が沈んだら君はどうする？」

ぼくが尋ねると、パフキはぼくの目をじっと見た。

「キリスト教徒かい？」

「いや」

「ぼくたちはキリスト教徒だ。毎日、神様に島が沈まないように祈っているんだ。島の人

みんなが真剣に祈っている。神は必ずその願いを聞き入れてくれるはずだ。だから、沈まない——と、思いたい」

でも——パフキは目を伏せた。

「現実問題としては、ニュージーランドやフィジーへの移住を考えないといけないだろうね。ぼくの夢はこの島でこれからもずっと生活して、先生として子供を教えることだよ」

その夢が叶うといいね、としか言えなかった。


島で最も大きく近代的な建物は、空港の前にある政府庁舎である。島民の住んでいる、木材を組み合わせて作った粗末な家屋とはまったく趣を異にする。

大砲の模型の横に石碑があり〈この建物は台湾の援助により建てられた〉と記されていた。中華民国総統時代に陳水扁がツバルを訪れたことを記念する石碑だった。

おそらく二番目に立派な建物は、薄緑色に塗られた台湾大使館だ。大きな椰子の木の隣に、台湾の国旗が掲げられていた。

ツバルは、小さいが国際連合に加盟する一つの独立国である。中国に対抗して、台湾を国家として承認する国を確保するため、相当な資金が流れ込んでいると想像できた。

この島で数少ない食事ができる場所、中国料理店の冷蔵庫には台湾大使のワインが大切に冷やされていた。

SEIFINA. A.
NANUMEA. IS.

船着き場には、日本から援助として提供された漁船が四隻、錆びたまま放置されていた。半分腰まで海に浸かりながら網を投げて魚を捕る人びと、あるいは小さな小舟で釣り糸を垂らす島民とのあいだには、距離を感じた。

コンクリート造りの何もない家屋の中で働いている男がいた。新たにここで店を開く手伝いをしているのだという。

「ここで軽食のレストランを開くんだ。今、島にあるのは中国人がやっているレストランだけだろ？　雑貨屋もレストランもみんなオーナーは、最近この島にやってきた中国人だ。奴らはいわば独占企業だから、稼いでいるだろうね。ここは、ツバルの人間の店だよ。ガソリンスタンドやスーパーを経営している大臣がオーナーなんだ」

男は自慢げな顔をした。

国家権力を利用できる人間とそうでない人間、裕福な人間と貧しい人間、教育のある人間とそうでない人間、この南の島は世界中どこでも起こっている同じ問題を抱えていた。

島に飛行機が到着する日が再びやってきた。

消防車が滑走路に停車し、サイレンが鳴り響いた。滑走路の周りには、通行禁止の札が置かれた。しばらくすると、青い空の中から飛行機が近づいてくるのが見えた。短い滑走路の端まで行くと、Uターンして空港の建物の前で止まった。

小さな空港の建物の中は人で埋まっていた。多くの人が貝殻で作った首飾りをしていた。中には首が見えないほど首飾りを重ねている女性がいた。まるでアマゾンの大蛇を首に巻いているかのようだった。

「この島を出て行く人間にこの首飾りを贈ることになっているの」

ぼくがよほどしげしげと見ていたのだろう、首飾りの女性が話しかけてきた。

「あなたは今日の飛行機でこの島を発つんだ？」

いいえと首を振った。

「私は今ツバルに住んでいないの、自宅に帰るのよ」

「元々はこの島の出身？」

「ええ。奨学金を得てニュージーランドの学校で勉強した。今はオーストラリアで歯科医をしている。この子はオーストラリアで生まれたのよ」

隣に立っていた女の子の背中を押した。

「夫もツバル出身。この子はツバルの子供だから、この島の言葉や文化を伝えたいと思って戻ってきた。二カ月間だったけれど、楽しかったわ」

「この島とオーストラリア、どちらが暮らしやすい？」

「そうね。両方いいところがあるし、悪いところもある。オーストラリアでの生活は、皆自己主張が強すぎて、疲れてしまうことがある。一方ここは何もない」

太い腕と胴体の女性たちに囲まれている老人がいた。アロハシャツのように派手な花柄のシャツを着て、やはり首には幾重にも貝殻の首飾りを掛けていた。

この島は大好きさ。
沈まないよう毎日お祈りしてるよ。

MR FAIANA. TEUATI

周りに立っているのは娘たちのようだった。その娘の子供、孫が老人に抱きついていた。孫は顔をくしゃくしゃにして泣いていた。

話を聞いていると、老人はフィジーに移住しており、これから戻るのだということがわかった。

老人は孫の手をほどいて下に降ろすと、顔に手を当てて後ろを向いた。孫から呼ばれて前を向いたとき、目に光るものがあった。そして我慢できなくなったのか、ぽろぽろと滴が頬に流れた。

フィジーまでの航空運賃は安くない。そう何度も島に戻ってくることができるわけではないだろう。次はいつ会えるのか、いや会うことができるのか。

ぼくは老人を直視できなかった。島が沈んでいくというのはこういうことなのだ。

小笠原諸島

洋丸
母島

TUVALU

第五章　抹殺された故郷…カトマンズ

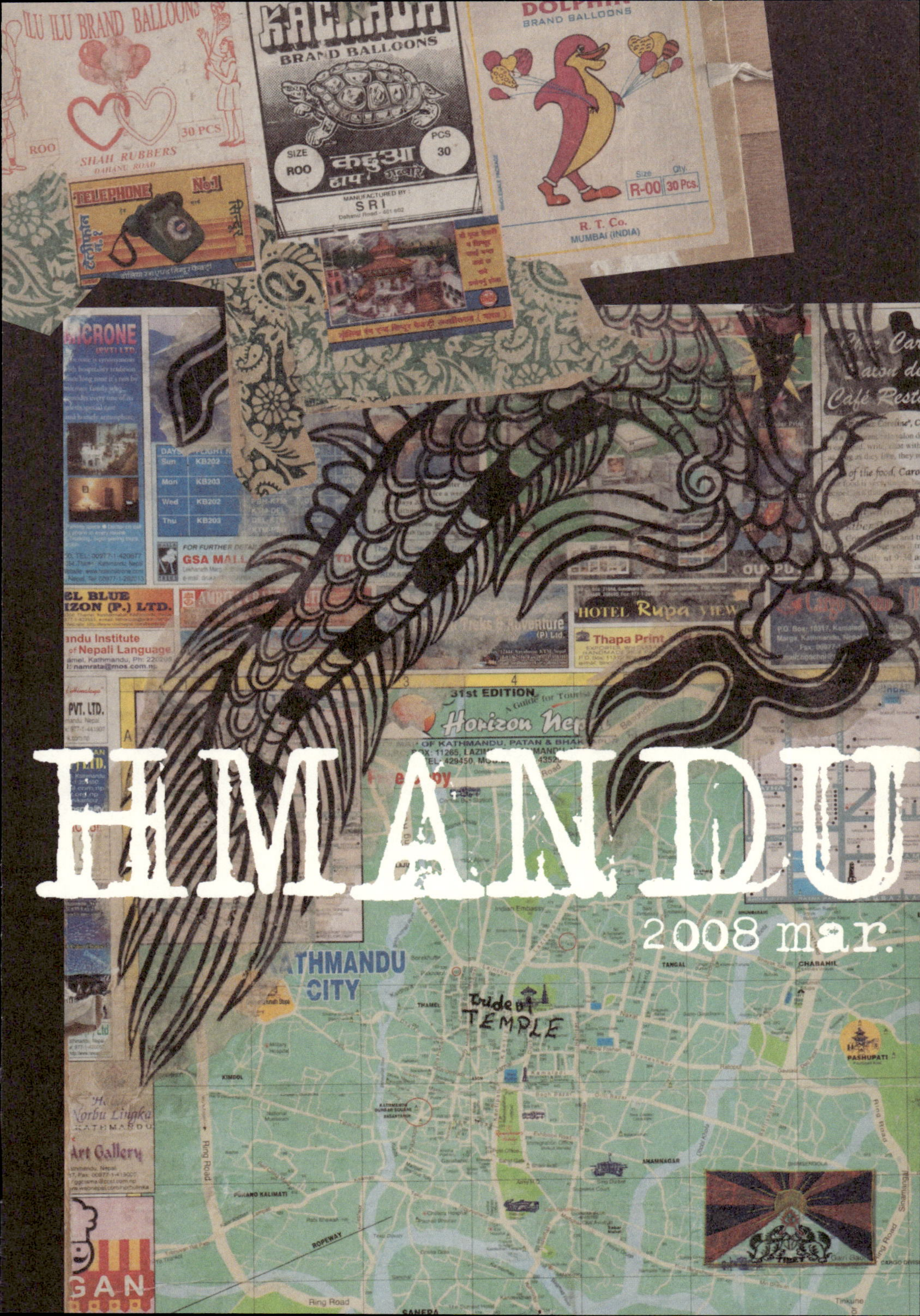
HMANDU
2008 mar.
ILU ILU BRAND BALLOONS
SHAH RUBBERS
30 PCS
BRAND BALLOONS
MANUFACTURED BY
SRI
DOLPHIN
BRAND BALLOONS
R-00
30 Pcs.
R. T. Co.
MUMBAI (INDIA)
TELEPHONE
No.1
HOTEL Rupa VIEW
Thapa Print
31st EDITION
Horizon Nepal
KATHMANDU CITY
TEMPLE
PASHUPATI
Art Gallery
Ring Road

KAT

空港に吊るしてある時計の分針がぼくの腕時計と微妙にずれていた。

成田からタイのバンコクで一泊。バンコクは日本より二時間遅れている。カトマンズはさらに遅れ、それが一五分という半端な単位になっていた。隣国のインドは日本と三時間半の時差。わざわざインドと違う標準時刻を使うために、一五分ずらしているという話を思い出した。インド、中国という大国に挟まれていると色々と気を遣わなくてはならないのだ。バンコクから、さらに時計を一時間一五分遅らせた。

ネパールの首都カトマンズに来ることになったのは、一本の電話がきっかけだった。

「テレビを見てると、カトマンズで毎日一〇〇〇人ものチベット人が捕まったと報道されている。でも、ネパールに住んでいるチベット人は二万人ほどなんだ。二万人のうち一〇〇〇人ってすごい数字だよね。それが毎日ならば、二〇日ですべてのチベット人が警察にいることになる」

絵描きの下田昌克だった。

心配した下田はカトマンズに住んでいる友人に何度も電話をしたが繋がらない。安否を確かめるためカトマンズに行きたいという。

キューバ、リオ・デ・ジャネイロ、小笠原、ツバルと行動をともにしてきたが、下田が行きたいとここまではっきりと場所を口にしたのは初めてだった。

下田と出会ったのは、九九年夏のことだ。

当時、ぼくは週刊誌のグラビア班で仕事をしていた。『いちげんさん』という映画が一般公開に先駆けて、京都の映画祭で上映されていた。その中で女優の鈴木保奈美が脱いでいるという。

男性週刊誌にその映像を載せれば話題になる。しかし、映画配給会社はその部分だけが取り上げられることを避けるために、映画のスチール写真を貸し出さなかった。

非合法な手段ではあるが、会場で隠し撮りするか。

そうした意図は映画祭関係者も予測しており、すでに関西在住の記者が入場を断られていた。

そこで写真が駄目ならば絵で再現してみてはどうだろうかという話が編集部で出た。週刊誌の売上に直結するのは、電車の中吊りだ。「鈴木保奈美ヌード」と書いてあれば、当然ヌード写真を思い浮かべる。しかし、ヌードの「絵」でも嘘ではない。

知り合いのデザイナーに相談すると「その仕事に向いているかどうかはわからないけれど、いつか君と会わせたいと思っていた人間がいるから、紹介するよ」と言われた。

それが下田だった。

二人は同い年、同じ関西出身、住んでいる場所も近いことがわかった。ぼくたちは、京都に向かう新幹線の中で、話し込むことになった。

ぼくは前年六月、一年間の休暇から日本に戻ったばかりだった。

出版社には、入社五年を過ぎると、一年間の無給休暇を取れる制度があった。九七年六月、ぼくは入社五年を越えてすぐに、ブラジルのサンパウロ行きの飛行機に乗った。南米大陸を見てまわるつもりだった。

サンパウロを出て、アマゾン川の支流を上る小さな船に乗ったとき、ぼくのポルトガル

日本人なの？
じゃぁ絵描いていいよ。

語は不完全だった。雨で進路を見失い船は座礁してしまい、一週間以上、船の中で生活することになった。好奇心の旺盛なブラジル人にしつこく話しかけられ言葉を覚えた。

スリナムからガイアナに入ったときは、定期船を逃してしまいボートを使って、川を越えた。結果的に、不法入国となり、出入国の判子は賄賂を払って押してもらわなければならなかった。

エクアドルからペルーの国境を越えたときは、エルニーニョの影響で大雨が降っており地盤が緩んでいた。夜中に目を覚ますと、山道に大きな岩が落ちて道を塞いでいた。バスを降りて二時間以上ぬかるみの中を歩いた。

南米大陸で最も南に位置するアルゼンチンのウシュアイアでは、街外れにある氷河まで歩いていたとき、雨に降られて凍えそうになった。

この旅の中でぼくは多くのことを学んだ。その一つは、生きていくにはそれほど多くの物は必要としないことだ。日本にいたとき、知らず知らずのうちに周りの人間と同じような生活をしなければならないと考えていた。安定した給料、将来の保証、家、自動車、社会的な信用――しかし、バックパックに入る程度の荷物で一年間生活することが可能だった。

本当に自分の必要なものは何なのか。バスや船の中でずっとぼくは考えていた。それは一回しかない人生を思ったように生きることだった。

旅は本のようなものだと思う。必要だと思うときに読めば、身体に染みわたる。この一年間の旅はぼくの人生を変えた。

下田は、二六歳のときに働いていたデザイン事務所を退社し、二年間、中国を皮切りにチベット、ネパール、インド、ヨーロッパを旅した。旅をするうちに人の似顔絵を描きはじめ、絵描きとして生活していくことになったという。

まったく性格は違うものの、社会にすんなり溶け込めないところが共通していた。

「実は、今年の年末で出版社を辞めるつもりなんだ」

ぼくは下田に誰にも話していないことを明かした。

下田は「そうか」とだけ言って、頷いた。

絵描きとして生きることは難しい。最近ようやくアルバイトをせずに絵だけで食べていけるようになったという下田の言葉を聞いて、退社後の生活の肌寒さを少しだけ感じた。

九九年末に出版社を退社。年賀状が例年の三分の一になったことが、後ろ盾がなくなった自分の現実だった。

二〇〇一年に初めての単行本『ｃｕｂａ ユーウツな楽園』を出した。下田はその翌年に『ＰＲＩＶＡＴＥ ＷＯＲＬＤ』という、人生を変えた旅の途中で描いた絵、写真と文で構成した本を出版した。

双方、すれ違いが重なり、年に数回しか会えないことが続いたが、二〇〇六年の夏に、ぼくたちは久しぶりに会った。

二人とも、大成功といえないまでも、それなりに志を曲げずに、物書き、絵描きとして活動を続けていることを確かめ合った。

話しているうちに、七年以上の付き合いになるのに、あの再現ヌード以来、一度も一緒

Bureau de change
EVEREST
EVEREST STEAK HOUSE

に仕事をしたことがないことに気がついた。

下田は、『ユーウツな楽園』を読んで、キューバに行ってみたいと思ったと言う。そこからこの旅は始まったのだ。

人間にも相性があるように、土地や国にも相性のようなものがあると思う。ぼくが休職中にブラジルに向かったのは、以前取材で訪れた際、雑多で乱暴なほどの力を持つあの国に惹かれたからだ。

ネパールは下田にとって特別な国だった。厳密に言えば、カトマンズに住むチベット人たちが、何事にも自信のなかった、元デザイン事務所勤務の男を絵描きに変えた。

下田には恩義があったのだ。


四月のカトマンズは、暑くもなく寒くもなく心地よい気温だった。駐車場には、インドで生産されているマルチ・スズキやタタの使い古された車が並んでいた。空港には宿からの迎えが待っていてくれた。

カトマンズの中心地で、小さくて清潔な宿を経営しているクンサンは下田の古くからの友人だった。

「全然、連絡がとれなくて心配したよ」

という下田をクンサンは声を出して笑った。

「まったく大丈夫だよ」

君のことを信用してるよ。
家族がチベットにいるから、言葉は選ばないとね。

「でも日本ではデモで毎日一〇〇〇人が捕まっていると報道されている」

ぼくが尋ねるとクンサンは引き出しから写真の束を取り出した。

「これを見てみて」

警察官たちに引きずられている人が写っていた。

「確かに毎日捕まっている。ただ、この人の指を見てごらん」

ヘルメットを被って防弾チョッキを着た男が警官に足を持たれて引きずられていた。手を見ると、男はVサインを出していた。迷彩服を着た警官に両腕を捕まれて引きずられながら笑っている男もいた。警官たちの諦めたような、無表情な顔とは対照的だった。

「君はネパールに来るのは初めて？　この国は中国とインドに挟まれている。ネパール政府は、二つの国から何かを言われればある程度従わざるを得ないんだ。世界中で北京五輪に対する抗議行動が起こっている。カトマンズでもたくさんのチベット人がデモをしている。中国政府から頼まれれば、ネパール政府は取り締まるしかない。でも、本心ではどうでもいいんだ。チベット人はこの国の経済に少なくない影響を与えているからね。かつてはデモをすると警官が警棒で殴ってきたことがあった。でも最近は外国メディアが来ているから手荒なことができない。毎朝一〇〇〇人を見せしめのために捕まえるけれど、夕方には釈放する。そもそもここの拘置所には一〇〇〇人も収容できないんだ。そして翌朝、また同じ人たちがデモをして捕まる。毎朝一〇〇〇人捕まって、毎日夕方には一〇〇〇人が釈放されている。その繰り返しなんだよ」

クンサンはネパールのヘランブーという小さな村で生まれた。両親たちがいつチベット

を逃げ出してきたのかはわからないが、ダライ・ラマ法王一四世がインドに亡命した五九年以降であることは間違いない。家族でインドに移住し、レストランを経営した。インターナショナルスクールに通っていたので英語が堪能だった。

「家の中ではチベット語、学校では英語、街ではヒンドゥー語を話していた。もちろんネパール語も話せるよ」

大学卒業後、父親のレストランを手伝ったあと、ネパールに戻ってきた。

「ネパールはぼくの生まれた国だ。インドよりも様々な人種の人がいて、ぼくにはしっくりくるんだ。ただ、ここはぼくの生まれた国だけれど、ぼくの国じゃない。だから平和的に行動している。警察は平和的な行動を暴力で弾圧してきた。ぼくたちは自分たちの力を誇示したいのではなくて、チベットで行われている蛮行に対して抗議したいだけなんだ。日本を含めたアジアは、中国政府が凶暴であることを知っていたけれど、欧州など世界ではそうではない。オリンピックという機会を利用して、ぼくたちは世界に知らせようとしているんだ」

日本で新聞等の報道を読むと、街は緊迫した雰囲気になっているかと思っていた。ところが中心地の人でごったがえした細い道を歩いている限り、平穏だった。

「おかしいよ」

一緒に歩いていた下田が首を傾げた。

「この街の土産物屋で一番目立つところに置いてあったのは、フリーチベットのTシャツだった。それが一切ないんだよ」

FREE TIBET――「チベットに自由を」という意味である。

放射線状に青と赤色で塗られたチベットの国旗はあるが、確かにフリーチベットと書かれた商品は見あたらなかった。

「絶対におかしい。どこの店でもフリーチベットのTシャツは売っていたんだから」

下田の疑問はケドゥプがすぐに解決してくれた。

「ある日突然、土産物屋からフリーチベットと書かれた商品が消えたのさ。ネパール政府が中国政府からの要請でやったのか、自主的にやったのかはわからない」

ケドゥプは下田が初めてネパールに来たときからの友人だ。外国人旅行者が集まるバーで一人で所在なげにしていた下田に、ケドゥプの友人が声をかけたという。

「ぼくは六三年にインドのダラムサラで生まれた。六〇年に両親がチベットから亡命して、インドに住んでいたんだ。ダラムサラにはチベット人のための全寮制の学校があって、幼稚園のときからそこで生活していた。父親は近くの街で道路工事をしていた。親と離れてもそれほど寂しさは感じなかった。友達がいたからね。チベット人は一般的に教育熱心だ。大学はもちろん、大学院まで行っている人も多い。ここカトマンズにもチベット人向けの学校は少なくとも四つはある」

ケドゥプの通ったダラムサラの学校では、英語とヒンドゥー語が教えられた。

नेपाल मजदुर किसान पार्टीलाई अत्याधिक मतले विजय गराऔं

「学校を出たあと、オフィスボーイのような仕事をしていた。そして二〇歳のときに日本へ行った。成田山がチベット人の奨学生を受け入れているんだ。ぼくのときは五人が日本に行った。そのうちの二人がチベット僧だった。一年間は語学学校で日本語を勉強、それから千代田工科専門学校でコンピュータを勉強した。成田山の寮から毎日上野まで通ったんだ」

日本の最初の印象は、茶碗が小さかったことだという。

「これでお腹が一杯になるか不安だった。日本人は魚をたくさん食べるんだよね。それも最初は戸惑ったけれど、すぐに慣れた」

専門学校を卒業後、さらに一年間インドでもコンピューターの専門学校に通った。

「コンピューターはこれからの時代に必要になると思ってね。でも、日本に行くまではコンピューターを見たこともなかったんだ」

現在はコンピューターを使って絨毯のデザインをしている。

チベットには元々絨毯を作る技術があった。七〇年代にチベット人亡命者の自活の手段として、スイスやドイツの団体の援助を受けてネパールで生産が始まった。今では絨毯を含めた織物、衣料品生産はネパールの基幹産業となっており、この業種での雇用人口は、ネパール全産業の三分の一を越えている。

「昔はチベット・カーペットと呼んでいた。それからチベット・ネパール・カーペットと呼ばれるようになり、最近はネパール・カーペットになった。ぼくのところでも今、実際に作業をしているのはみんなネパール人だ」

チベット人の居住地区は一目でわかる。祭りのときに飾られる万国旗のように、タルチョと呼ばれる五色旗が空を覆うかのように幾重にも、屋上から屋上へなびいているからだ。青色は空、白色は風、赤色は火、緑色は地、黄色は土をそれぞれ表している。

僧侶のテンジンはチベットのラサに近い、寒村で生まれた。

「貧しかったので、子供の頃から道路工事などで働いていた。村に学校がなかったんだ。中国政府が支配する前は、チベット寺が学校の代わりだった。しかし、中国政府はチベット仏教が非科学的な迷信の源になると寺を閉鎖した。中国人は寺の代わりに学校を作ったと言っているが、嘘だ。うちの村ではずいぶんあとになって、みんなでお金を出し合って学校を作った。本当に粗末な学校だ。大したことを教えることはできない。一八歳のときにチベット僧になりたくて、中国を脱出してきたんだ」

チベットはヒマラヤ山脈を挟んでネパールに接している。チベットから六〇〇〇メートル近い雪山を越えて、逃げてきているのだ。

「日中歩いていると中国の警察に捕まってしまうので夜しか歩けない。二、三〇人集まっていたから、怖くはなかったよ。でも、暗闇には獣がいたのかもしれないね。ツァンパを少しずつ食べて飢えを凌いだ」

ツァンパとは大麦の一種である裸麦を脱穀、から煎りして粉末にした保存食である。バター茶とともにチベット人の食事には欠かせない。通常はバター茶やお湯と練ってから食

शान्ति
PEACE
ter from Lhasa: What started it all

TREKERS
Quick

べる。

「ツァンパはそのまま食べることもできる。昼間は草むらで眠った。荷物はほとんどない。チュバというチベット人の民族衣裳は、内側に羊の皮が張ってあるので寒さを凌ぐことができた。髪の毛を剃ると目立つので、伸ばし放しにしていた。国境は警備が手薄なところを狙って越えたんだ。ネパールに着いたとき、これで自由になったと思った」

ラサからネパールまで二四日間歩きつづけたという。一人が旅の途中で亡くなった。

ネパールの寺で修行を始めた。毎朝四時半に起きて部屋の掃除。五時頃から一二時までは読経。昼食後、一三時半から一七時まで再び読経。夕食のあと、若い僧は勉強、それ以

外は部屋で読経というのが僧侶の毎日である。

「デモには何回も出かけた。中国大使館、国連、みんなで一緒に行って経を読んだ。国境を越えたとき、ここは自由の国だと思った。でもそうでもないことに気がついたよ。経を読むことも警察から止められた。平和のための読経をしているだけなのに」


チベット人地区の壁には〈FREE TIBET〉とスプレーで落書きがしてあった。ネパールの警察も落書きまでは消すことができないようだった。

集会場の入り口すぐの壁に、たくさんの写真が貼り付けられていた。殴られて血まみれになっている人間の写真だった。

「ほとんどの人は死んでいる」

ぼくが振り返ると男が写真を指した。

「チベットの写真だよ。先月からチベット自治区のラサで暴動が起きている。暴動と言っているのは中国政府だ。チベット人は平和的にデモをしているのだけれど、中国人はそう考えないらしい。数百人以上が殴り殺された。だからここで祈っているんだ」

集会場には深いえんじ色の僧衣を着た人たちが座っていた。

チベットの民族衣装を着た女性が、大きな銀色のやかんを持ってきた。女性はぼくにプラスティックのコップを渡すと、やかんから茶色い液体を注いだ。バター茶だった。

コップに口をつけると、塩とバターとミルクの味がした。すぐに脂の味が強くなり、口の中から獣の匂いがした。

「あの中にもスパイはいるのさ」

ツェタンは拳で軽くレストランのテーブルを叩いた。

「こちらの動きを中国政府は把握している。チベット人をスパイに仕立て上げて、密告させているんだ。中国人がやりそうなことだ。残念ながらぼくたちにはそれが誰なのか特定するすべがない。チベットとの電話はほぼ盗聴されていると考えていい。だから、こちらから電話しても受話器を取らないことも多い。向こうからかかってくる場合は、確実に盗聴されていない電話機からかけてくるんだ。それも命がけだ」

ツェタンはワシントンに本局があるラジオ局の特派員である。チベットに関するニュースは、ネパール政府も容認しないため、カトマンズに放送局を構えて放送できない。そのため、アメリカに放送局を置き、電波とインターネットラジオでチベット人の情報を流している。

「ネパールには五人の特派員がいる。みなMDで録音をした音声データをワシントンにメールで送る。それぞれの自宅がラジオの支局というわけだよ。デジタルの時代だからできることだね。ただこの国は停電ばかりだから、電源のバックアップは必須だ」

鞄の中から、古いソニーのMDレコーダーを取り出した。もう日本では誰も使っていないような古い製品を大事に使っていた。

Festive
Fare
RESTAURANT
HOTEL
Padma
Dharana
CYBERSPACE
THANGKA
ARTS & CRAFTS

「はじめ見たとき、ジャーナリストだとは思わなかった」

ぼくが言うと、ツェタンは「これかい」と頭をなでた。ツェタンの頭は、僧侶のように綺麗に剃り上げられていたのだ。

「今日、街の寺院で四〇〇人ものチベット人が髪の毛を剃った。チベットで行われている暴挙に抗議するためだ。朝九時から断髪は始まった。ネパールの私服警官がいたけれど、見て見ぬふりをしていた。というのも、フランスから大使と国会議員が来ていたから、手を出せなかったんだ。取材で行っていたぼくも参加しなければと思って、頭を剃った。頭を丸めるのは子供のとき以来だ。大勢のチベット人が頭を丸めていると、目を引く。この頭を見てチベットで行われていることを考えてもらえればいいと思っているんだ」

「デモはいつからやっているの？」

「ずっと前から。注目されるようになったのは、オリンピックが近づいて毎日やるようになったからだ。今年は三月一〇日から毎日デモをしている」

「三月一〇日？」

「今から四九年前、一九五九年三月一〇日に、ラサでチベット人が蜂起した。前はデモに参加するとよく警官に棍棒でぶん殴られた。捕まると、〝誰が扇動しているんだ〟〝誰が中心人物だ〟としつこく聞かれたものだ。ところがみんなが〝自分の意志でやっています〟と答えるので聞くのをやめた。ネパールの警察は〝今度やったら中国に引き渡すぞ〟と脅していたけれど、本当に引き渡されたという話は聞かない。最近は、チベット人が拘束されると、国連の関係者がすぐに解放するように動いてくれている」

「棍棒で殴られたって……、反撃しようと思ったことはないの？」
「ないといったら嘘になる。ぼくたちのデモは暴力を使わない。それでも、何回も暴力を受けると、怒りが溢れ出てしまうこともある。警察に挑発されることもあった。でも、暴力は使わない。理由は簡単だよ。ここはぼくの国じゃない。よその国で迷惑をかけるわけにはいかない。何よりダライ・ラマ猊下が暴力を禁じている。ぼくたちが暴徒となれば、猊下はその座を降りるといつも言っている。だからぼくたちは殴られても、歯を食いしばって我慢するんだ」

ダライ・ラマ法王日本代表部事務所の資料によると、二〇〇二年一二月段階で国外に亡命しているチベット人は約一三万四〇〇〇人。インドに一〇万人、ネパールに二万人、アメリカ五五〇〇人、スイス三〇〇〇人、カナダ一五〇〇人が多く、ほかにフランス、イギリス、オーストラリアなど世界中に散らばっている。日本にも六〇人が生活している。

世界中に散らばっているチベット人を結びつけているのがダライ・ラマなのだ。

「猊下はこうも言っている。すべての中国人が悪いわけではない。中国政府の暴挙が悪いのだ、と」
「現在のダライ・ラマ法王は、もうかなりの年になっている」
「ああ」

ツェタンは、ぼくの言わんとすることを理解して下を向いた。

ダライ・ラマ一四世は七〇歳を超えている。

チベット仏教は輪廻転生を教えている。ダライ・ラマも輪廻転生する。一四世のダライ・

ラマは、一三世が亡くなったあと、おつげを元にチベットで捜索された。幼いダライ・ラマを摂政として助けるのがパンチェン・ラマである。パンチェン・ラマもまた転生する。乱暴な説明になるが、若いダライ・ラマを経験あるパンチェン・ラマが支え、新しいパンチェン・ラマが転生すると、今度は経験を積んだダライ・ラマが支える。二人は両手を使って梯子を登るようにチベット人社会を司ってきた。ダライ・ラマにもしものことがあればパンチェン・ラマが必要となってくる。

パンチェン・ラマ一〇世は一九八九年に亡くなった。生まれ変わりとされる少年は六歳のときに両親、兄弟とともに中国公安に連れ去られた。今なお生死さえ不明である。

ダライ・ラマ一四世が亡くなった場合、生まれ変わりを探そうにも、中国政府が支配しているチベットを自由に動き回ることができない。見つかったとしても、摂政がいない。完全に洗脳したパンチェン・ラマ、あるいはまったくの別人を中国政府が持ち出す可能性もある。

チベット人の精神的な支柱がなくなってしまう可能性は高い。輪廻転生による継承制度が崩れ去ろうとしている。

「ダライ・ラマ法王は半分引退しているような状態だ。ダラムサラにある亡命政府には法王とは別に首相もいる。当然準備をしているはずだ。一五世はぼくたちが望めば必ず現れるはずだよ」

カトマンズではずいぶんたくさんのチベット人に会った。

みな背筋が伸びていた印象がある。下田が彼らのことを好きになったのがよくわかった。苛烈な人生を経てきた人であればあるほど優しい目をしていた。ぼくたち日本人によく似た顔つきをしたチベット人のまっすぐな目は戸惑うほどだった。

皆、名前を明かして様々な話を聞かせてくれた。ただ、中国政府の考えはぼくたちにはうかがいしれない。その身に影響が及ぶ可能性がないとは言えないので、あえて匿名で言葉を列挙してみる。

「今までずっと中国の蛮行に抗議しつづけきたことが、世界に伝わっていなかった。五輪というい機会を使いたい」

「チベットは独立を求めていない。〝自治〟が欲しいだけなんだ」

「チベット人はネパールで、商売上手だと言われることもある。しかし、我々は強くなければならない。頼るべきものがないんだ」

「中国大使館はネパール人にはビザを出すが、チベットの血を引いている私たちにはビザを出さない。中国人は疑り深い。我々がチベットに行くと、何かを企むと思っている」

「生き別れた姉がチベットで亡くなった。ビザが出なかったので、こちらの家族は葬式には参列できなかった。こちらで別に葬式をするしかなかった」

「我々の心の中にダライ・ラマ法王はいる。中国はそれを否定しようとしているが、人の心の中にまで踏み込むことはできない」

「中国がチベットでやっていることは文化の虐殺だ」

最近この街にも中国人が増えているね。
でも中国人の友達はまだいない。

「チベットで生まれた母親が今年亡くなった。何も言わなかったが、最後に一目でも故郷を見たかったのだと思う」

「荷物を背負って国境を越えてきた。二、三週間かかったと思う。食料を買うお金がなかったので、ネパールに入ってからはチベットの踊りや歌を見せて、食べ物をもらった」

「ネパール、インド、日本、アメリカ、欧州、世界中にチベット人は亡命しているが、みな子供にはチベット語を教えている。我々は文化と言葉を次世代に伝えていかなければならない。便宜的に、どこのパスポートを持とうが、我々はチベット人なのだから」

チベットという国は地図から抹殺されている。だからこそ、子供にチベットの文化と言葉を伝えつづけている。チベット人の逞しさにぼくは目眩がした。

第六章　忘れられた人びと…サハリン

предлагает:
Межкомнатные двери;
Сантехнику;
Инструмент;

SAKHALIN

2008 jul.

Сахалинская область

Схема трасс СТК «Горный воздух»
Горный воздух
1 Запад
2 Серпантин
3 Армейка
4 Скоростной спуск
5 Расческа
6 Юг
7 Семидесятка
8 Запад, нижняя
9 Для тюбингов
10 Детская
Буксировочная канатная дорога «Юг»
Буксировочная канатная дорога «Запад»
Гондольно-кресельная канатная дорога
Западный склон
Дом-интернат
ТЭЦ-1
По требованию
Пионерный
ул. Украинская
«Маяк»
Железнодорожная больница
Украинская
Крайняя
ДСК
ДК «Родина»
Ликеро-водочный завод
«Сахалинобувь»
к/т «Комсомолец»
ул. Холмская
Пивзавод
ул. Сахалинская
Детская поликлиника №1
«Турист»
Городская больница
МИНИСТЕРСТВО ТРАНСПОРТА РОССИЙСКОЙ ФЕДЕРАЦИИ
ФЕДЕРАЛЬНОЕ АГЕНТСТВО ГЕОДЕЗИИ И КАРТОГРАФИИ
САХАЛИНСКАЯ ОБЛАСТЬ
ОБЩЕГЕОГРАФИЧЕСКАЯ КАРТА
АЛЕКСАНДРОВСК-САХАЛИНСКИЙ
ЮЖНО-САХАЛИНСК

ぼくが生まれて初めて行く外国は、ロシアであるはずだった。

小学生時代に住んでいた舞鶴は、ソビエト連邦との交易が盛んだった。街では大きな身体のロシア人をしばしば見かけた。赤ら顔のロシア人は、テレビドラマで見る〝ガイジン〟とは違って陰気な感じがした。子供心に、ソビエトという国は得体が知れない印象があった。それでもぼくはソビエトに行くつもりだった。通っていた小学校では、小学六年生で最も優秀な生徒を一人選び、夏休みのあいだにソビエトへ短期留学させていた。毎年夏休みが始まる前の全校集会で、ソビエトに行く生徒の名前が呼び上げられた。ぼくは六年生になればその最有力候補になると勝手に思い込み、名前を呼ばれて壇上に登る姿を想像していた。

ところが、ぼくは六年生になる前に転校することになった。街を去るとき、手を振りながらぼくの乗った車を追いかけてきた同級生を見ながらふと頭に浮かんだのは、「これでソビエトに行けなくなる」ということだった。

その後、ぼくは世界三〇カ国を超える国を訪れた。しかし、旧ソビエト連邦の国とは縁がなかった。今回のロシア行きで、三〇年の時を超えて、小学生のときの夢が叶うことになる。

もっとも今回の目的地はロシアといっても、首都モスクワから遠く離れた島、サハリン。日本から四〇キロしか離れていないロシアである。

サハリンに行くには、いくつか方法がある。

新潟からロシアのハバロフスクまで行き、飛行機を乗り換えてサハリンへ。あるいは函館から州都のユジノサハリンスクに直接飛ぶこともできる。ただし、函館からの飛行機は毎日飛んではおらず、ずいぶん割高だった。

最も一般的なのが、稚内からフェリーでコルサコフ港に行く方法である。何より、国境を船で越えるというのは素敵だ。羽田から稚内に飛び一泊、翌朝一〇時発のフェリーでサハリンを目指すことにした。

海沿いの大通りを曲がると、右手に漁船が停泊していた。道を進むと左側に国内、右側に国際フェリーターミナルが現れた。どちらも最近建てられたばかりで、真新しい。

待合室は、出発まで一時間半もあるというのに人で溢れていた。みな示し合わせたように、日立やソニーと書かれた液晶テレビが入った大きな段ボールを足下に置いていた。太った白人が多く、香水と汗のすえた匂いが立ちこめていた。

荷物を預ける窓口の前には列ができていた。横入りが多く、列は斜めに広がっていた。手配してくれた旅行代理店の担当者から、「出入国審査に時間がかかるので、荷物を預けないほうがいい。そして、船に乗るときにはできるだけ早く並ぶこと」と教えられていた。

出発一時間前に乗船口の扉が開くと、我先にとロシア人たちが殺到した。日本製のビールやジュースを、これでもかと詰め込んだ紙袋が入り口に引っかかって入れない女性もいた。

出国審査のカウンターは四つあったが、開いていたのは二つだけだった。ここでも列は斜めに広がった。

すでにロシアが始まっていた。

БУЛЬВАР
Святителя Иннокент
Детская
воскресная
школа

コルサコフへ向かう『アインス宗谷』は、乗客定員約四〇〇人の大きな船だった。客室には自動販売機があり、その前でロシア人がまたもや適当な列を作っていた。のぞき込むと日本製の缶ビールが一本一〇〇円。ペットボトルの水一五〇円よりも安い。千円札を自動販売機に入れ、連続して缶ビールのボタンを押しているのが見えた。当然ながら、受け取り口に缶ビールが詰まってしまい、取り出せずに苦労していた。

船は混んでいた。船が稚内港を離れると、乗客は甲板から客室に戻った。ほとんどは絨毯の上に寝転がり、窓枠に缶ビールを誇らしげに並べて順々に飲みはじめる客や、ギターを抱えて歌いはじめる客もいた。

昼過ぎになると弁当が配られた。スーパーの総菜売り場で売られているような弁当で、烏賊の揚げ物とご飯が詰められていた。ソースの入った小袋の開け口を千切ろうとすると、視線を感じた。

白髪交じりの長髪の男が、じっとぼくの手元を見ていたのだ。ぼくは片手で小袋を持ち上げて、わかりやすいように封を切った。男の太い指は、湿って滑りやすくなっていた小袋の切り口をなかなか掴めず、苦笑いした。

「ロシアから?」

男は頷いた。

「モスクワからだ」

男には連れがいた。

ロシア語混じりの英語を理解したところでは、二人はモスクワのグラフィック誌で働いていた。サハリンでの撮影が一段落したので、買い物のためフェリーで国境を越えて、稚内に行っていたという。長髪の男は、鞄からMacintoshのノートブックを取り出した。

サハリン北部の寂れた漁村を撮ったモノクロームの写真だった。

「サハリンはモスクワの人間にとっても、物珍しいんだね」

二人は頷いた。ぼくはロシア語を、二人は日本語を理解できない。英語での会話では、話が弾まなかった。

「ロシア人はあまり英語ができない。俺の彼女は英語が話せるし、読み書きもできる。でも、俺はさっぱりだ」

長髪の男は言い訳をするように両手を挙げた。

「こんなものを買ってきたんだ」

話に困った男が鞄から取り出したのは、工事現場で使う足袋と警告灯だった。モスクワに持ち帰って何に使うのかわからなかったが、とにかく気に入っているようで、警告灯を剣のように振り回しておどけた。

コルサコフに到着したのは、夕方の五時半前だった。

入国審査に早く並ぶため、到着前から出口の近くで待つことにした。自動販売機の前ではロシア人がボタンを乱暴に何回も押していた。反応しないことに苛立った男は、自動販売機を拳で叩いた。すでに売り切れの赤いボタンが点灯していた。近くにいた人間が売り切れだと教え、ようやく叩くのをやめた。

船倉に並ばされ、古いバスが入国審査を行う事務所とのあいだを往復して乗客を運んだ。バスに乗れる数は限られており、列はなかなか前に進まない。

うんざりしながら待っていると、一人の男が乗客の列から外れてふらふらと歩きはじめた。気がついた乗務員が男に駆け寄った。男が何かを耳打ちすると、乗務員は急いで椅子を持ち出してきて、男を座らせた。

男は土気色の顔で首が据わらずぐったりとしていた。おもむろに立ち上がると、今度は船の階段を上りはじめた。乗客から笑い声が起きた。再び乗務員が男を捕まえて椅子に座らせた。

「船の中でもあんな風だった。泥酔して、みんな困っていたんだ。近くにウィスキーの空き瓶が転がっていたから、中で最低一本は飲んだんだろう」

ぼくの前に立っていたロシア人の男が苦笑いした。

入国審査を済ませて外に出ると、古くて無愛想な形をした車がたくさん並んでいた。憧れていたロシアは、酔っぱらいが闊歩する灰色の街だった。

ユジノサハリンスクの中心、レーニン広場にはレーニン像が建っていた。社会主義時代の象徴であるレーニン像は、ロシアではとっくに廃棄されていると思っていたので、まだ残っていることが意外だった。

ユジノサハリンスクはコルサコフと趣きが違い、静かで清潔、欧州の田舎という風情

生まれはウクライナ。蟹一匹500ルーブル。
いっぱい買ってくれたらディスカウントするわ。

だった。市場経済を取り入れた時期以降に取り付けられたネオンが目立っていた。

ここは欧州文化圏の東端であると同時に、街には日本人に似た顔つきの人間がたくさん歩いていることに気がついた。

サハリン、日本時代に樺太と呼ばれていたこの島に元々住んでいたのは、アイヌ、ウィルタ、ニブヒと呼ばれる人びとだった。一八世紀に入って、日本とロシアが島の領有を争った。日露戦争の末、北緯五〇度以南を日本領、以北をロシア領に分割。日本政府は樺太開発を進め、多くの日本人が島にやってきた。日本統治時代、ユジノサハリンスクは豊原と呼ばれ、樺太庁が置かれていた。

植松キクエさんは、一九二三年に北海道の名寄で生まれた。二歳のとき、家族で樺太の留多加町に移り住んだという。留多加町は亜庭湾に面した、南樺鉄道の終着駅だった。父親は大工だった。樺太には開拓民が多くおり、家の新築や改築で仕事がたくさんあったのだ。

この島でも、戦争は多くの人生を変えた。

一九四五年八月一五日、日本はポツダム宣言を受諾し、周辺の領土を失うことになった。満州と台湾は中国に復帰し、朝鮮は独立。樺太はソビエトの統治下に入った。

旧支配地区に住んでいた日本人は、「日本」に帰還することになり、中国、東南アジア、太平洋地区からは引き揚げが始まった。

しかし、ソビエトが支配した地区は別だった。ソビエトは労働力不足に悩んでおり、敗戦国の人間を手放そうとしなかったのだ。

52
ОБЪЕКТ
охраной

植松キクエ

「父親は、ソビエト人の家を建てないと国に還さないと言われたんです」

ソビエトが日本人の帰還に応じたのは、終戦から一年以上経った一九四六年一二月のことだった。

「父親が早く日本に帰りたい、帰りたいというので、私と兄で嘆願書を書いて、父親だけでも早く還してほしいと訴えました。両親と弟、妹たちが引き揚げたのは四八年の船でした」

植松さんは、翌年の船で日本に戻るつもりでいた。しかし、予定外の事態が起こる。帰国手続きの最中、妊娠が発覚したのだ。

父親が日本行きの船に乗ったあと、素人演芸会が開かれ、植松さんは我流の日本舞踊を演じたことがあった。そこで、アコーディオンを弾いていた男性に惹かれ、交際を始めていた。

問題は、男の出身地だった。

樺太には炭鉱があった。日本人労働者だけでは足りず、朝鮮半島から自主的、強制的に労働力が集められていた。

ソビエトが規定した引き揚げ該当者は「日本人捕虜と日本国民」に限られており、日本から〝独立〟した朝鮮半島出身の人間は含まれていなかった。

男は植松さんを気遣って「お前は日本に帰りなさい」と言ってくれた。しかし、妊娠三カ月で日本に帰国したらどうなるだろう。今後、日本で結婚したら、お腹の子を相手が認めてくれるだろうか。父親が朝鮮人だと知ったら——。植松さんは考えた末に、男と結婚して、島に残ることにした。

四九年七月、兄が最後の引き揚げ船で日本に戻っていった。朝鮮人のほか、受刑者、ソビエトが必要とした技術者、朝鮮人と結婚した日本人、千数百人がサハリンに残された。植松さんはその一人だった。

その後、アメリカの保護下に置かれた日本と、アメリカと敵対するソビエトの関係は冷えきったものになった。植松さんと日本に戻った家族との連絡は途絶えた。夫とともにソフホーズ（ソビエト国営農場）でジャガイモを作り、五人の子供を育てた。それでもここは自分の国ではないという思いがあった。

日本とソビエトの関係が好転したのは、五六年のことだった。国交回復により、シベリアに抑留されていた日本人捕虜が釈放。サハリンに残っていた日本人妻も、家族と一緒に日本へ帰国することが許された。

ところが――。

「夫と五人の子供と一緒に日本に帰るつもりで手続きをしていたら、自分の戸籍の出身地が朝鮮になっていたんです。原因はわかりません。夫は役所で働いていたので、よかれと思って朝鮮にしたのかもしれない。ともかく自分は日本人であるという証明をしなくてはならなくなってしまったんです。その頃、日本の親戚とようやく連絡がつくようになっていたので、昔の身分証明書を日本で探してもらい、送ってもらうことになりました。当時は貨物で書類をやりとりするのに一カ月以上かかりました。そして揃えた書類を遠くモスクワまで送らなければなりませんでした」

引き揚げは、五七年八月から五九年九月まで七回行われた。植松さんの手続きは、引き揚げに間に合わなかった。

日本の家族とようやく再会できたのはそれからずいぶんあと、七五年だった。弟が独りでユジノサハリンスクまで会いに来たのだ。

約三〇年ぶりのきょうだいの再会は自由がなかった。警察立ち会いの下で話さなければならず、自宅に連れて行くことさえ認められなかった。弟が帰る日、ユジノサハリンスク駅で植松さんは泣き崩れた。話したいことも話せないことが悔しかった。弟は「来年も来る。頑張って」と肩を抱いた。

「あんたがたくさんのお金を使ってここまで来てくれても、ろくに話はできない。二、三年後でいいから、私をなんとか日本に招待してくれ」

三年後、弟は約束を守り、植松さんを日本に呼ぶことに成功した。

サハリンを出る前、日本に行けることは嬉しくもあり、不安でもあった。日本語がすんなり口から出るか心配だった。サハリンでは日本語を使う機会はほとんどなかったのだ。

「ユジノサハリンスクからハバロフスク、そして新潟に着いて、税関で日本人と話をしたら、びっくりするぐらい日本語がすらすら口から出てきた。言葉はまったく問題ありませんでした。親戚に『これはロシア語で何と言うの』って聞かれても、さっぱり出てこない。不思議なものですね」

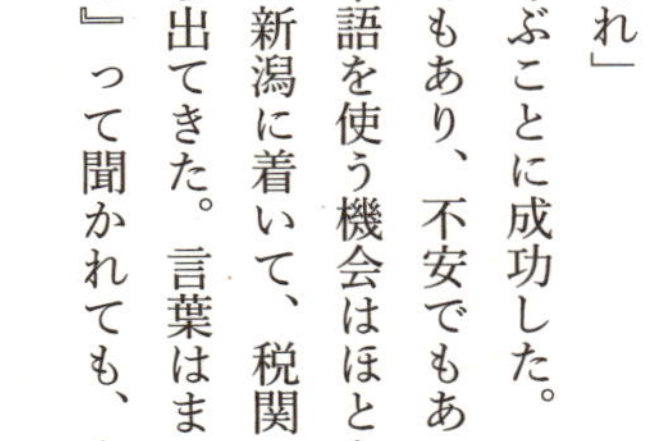

逆に、ハバロフスクに戻るとすぐにロシア語に切り替わった。その後、日本へは何度も帰国している。

あるとき、きょうだいが「日本に移住してくれれば面倒を見る」と言ってくれたことがあった。正直なところ、植松さんは日本に永住したいと思っていた。

一人の子供と夫は亡くなったが、四人の子供は健在である。孫は五人、曾孫が三人いる。自分が日本に帰れば子供や孫たちと離れて暮らすことになってしまう。植松さんの心は揺れた。

「子供は手放すものじゃない」

年老いた母親がぽつりと言った。

八人きょうだいのうち、植松さんだけをサハリンに置いてきたことを後悔しているのだ。口数の少ない母親の言葉が胸に沁みた。

もう自分は日本に住むことはできない。サハリンに根を下ろしてしまっているのだとつくづく思った。

最も過酷な人生を送ることになったのは、島に残された朝鮮人である。

一九四〇年、文幸子さんは北海道の美唄市で生まれた。朝鮮半島南部、全羅北道出身の父親は、美唄の炭鉱で働いていた。文さんが生まれてすぐに、一家は樺太の西海岸沿い、塘路に移り住むことになった。

Купаться
Запрещено

塘路は山と海に挟まれており、山側には三菱財閥が経営する炭鉱があった。父親はその炭鉱で働いた。

文さんが四歳のときだった。

母親が血相を変え、炭鉱の方に走っていった。炭鉱で事故が起こったという連絡が入ったのだ。子供心にもただ事ではないとわかった。文さんもきょうだいと一緒に母親のあとを追った。

炭鉱からは担架に載せられた男が次々と運び出されていた。みな石炭で顔が真っ黒に煤けていた。担架に泣き崩れる家族もいた。

二六人死亡。文さんの父親はたった一人の生き残りだった。

命は助かったものの、代償は大きかった。

「背骨はぐちゃぐちゃに壊れていた。脊髄を損傷して、腰が曲がったままになってしまった。歩くのにも松葉杖が必要だったんです」

日本人医師は「会社が責任を持って治療するから心配しなくてもいい」と母親を励ました。しかし、そのとおりにはならなかった。島にソビエト軍が上陸してきたのだ。

一家はほかの家族とともに、山に避難した。両親のほか、きょうだいは全部で六人――一番下の妹、花子さんはまだ一歳になっていなかった。

「上の姉が花子を背負って山道を歩きました。落ちないように必死にしがみついていたので花子の足は、気がついたとき内側に曲がってしまっていたんです」

父親が杖を使ってしか歩けず、一家は列の最後尾についていた。それでも列から遅れがちだったので、村落に捨ててあったリヤカーに、荷物と一緒に父親を載せて引くことにした。文さんも母親や姉と一緒にリヤカーを引っ張った。小さな手には、水ぶくれができた。女手には重いリヤカーを引いて山道を登るのは辛く、やむなく食料の一部を捨てなければならなかった。

雨が降りつづく中、ソビエト軍の爆撃に怯えながら山道を歩いた。火を使うと上空から見つかってしまうため、米粒を水につけたものを口に入れた。夜は、木陰にゴザを敷いて横になった。雨水は冷たく、底冷えがした。

何日もおむつを替えてもらえなかった花子さんが泣きだしたことがあった。痒くてたまらなかったのだ。かわいそうに思った軍服姿の男が、白い布きれを拾ってきてくれた。母親が「ありがとうございます」と礼を言って布を広げると、中から死んだ赤ん坊が転がり落ちてきた。

生と死は紙一重だった。森の中では蛆の湧いた死体を度々見かけた。

空き家に泊まることもあった。幸運なことに、台所には米が残されていたので、竈に火を入れてご飯を炊いていると「屋根が燃えている」と叫ぶ声がした。火の勢いが強すぎて、天井に引火していたのだ。親戚たちと、近くの川からバケツを運んで火を消し止めた。

一家は、島の東側の内路までたどり着いた。住民はすでに避難したあとで、空き家ばかりだった。

空き家の一軒に泊まっていると、大人たちが戦争が終わったと話していた。再び、山を越えて、塘路に戻ることになった。

途中の太平という村で、学校の校舎に泊まることになった。一家はいつものように列の最後を歩いていたため、学校に着いたとき、建物の中は人でいっぱいで足の踏み場もなかった。雨風を防げる場所は、共同便所しかない。板きれを拾ってきて、便所の穴を塞いで横になろうとしたとき、避難命令が出た。

慌てて学校を飛び出し森の中に駆け込んで身をひそめていると、飛行機が飛んできた。ソビエトの飛行機だった。爆弾が落ち、火柱が上がった。今夜泊まるはずだった学校が燃え崩れていった。戦争は終わっていたが、爆撃は続いていた。

大平から塘路に向かう途中で、文さんは家族を見失ってしまった。置いて行かれたかと思って必死で早歩きしたが、見つけることができなかった。同じようにはぐれた男の子がびしょ濡れで泣いていた。文さんは身体が大きかったので、二、三歳年下かと思ったが、同年代のようだった。自分がしっかりしなければと文さんは、あえて気丈に振る舞った。

「ぼうや、泣くんじゃないよ」

近くに生えていた大きな蓮の葉を千切って「傘だよ」と男の子に持たせた。二人で、暗い山道を歩いているうちに夜が明けた。

目の前に見慣れた風景が広がっていた。塘路の街に着いていたのだ。

文さんは男の子と別れると、急いで自分の家に駆け込んだ。しかし、家はがらんとして誰もいなかった。いつの間にか家族を追い抜いていたのだ。

隣のタダシの家から聞き慣れた声が聞こえた。タダシの母親の驚いた顔をみた途端、堪えていた涙がこぼれてきた。

66年に北朝鮮に行ったの。みんな栄養失調でね。
かわいそうで、外国人専用の店で飴を買ってあげたら、警備の人に叱られたのよ。

문화춘

「お前はどこにも行っちゃいけないよ。ここにいなさい」

泣きじゃくる文さんの頭をなでて、ご飯を炊いてくれた。疲れ切った文さんはご飯を食べると床で眠り込んでしまった。

夜になって目を覚ますと、隣に母親が座っていた。文さんは母親に抱きついた。

母親はいなくなった自分のことを必死で探していたという。暗闇の中で、自分と似た背格好の切り株を見つけると、母親は「幸子」と呼びかけていたと、のちにきょうだいから聞かされた。


碧い目をしたロシア兵が塘路の街を歩くようになった。兵隊はチョコレートやビスケットを子供に配った。子供たちが一番喜んだのは、金平糖のような甘い菓子だった。

ロシア兵に喜んで近づいていったのは子供だけだった。

文さんのきょうだいは、しばしば夜になるとほかの家に連れられていった。若い女性と同じ布団に入り、抱きしめられながら眠ることもあった。ずいぶん経ってから、夫が徴兵された若い妻たちが、子供を借りに来ていたと教えられた。ソビエト兵は子供を大切にするので、子供と一緒にいれば乱暴されないと言われていたのだ。一六歳になっていた一番上の姉は、髪の毛をばっさりと切って、顔に炭を塗って家の中から出なかった。

ある日、肩から銃を提げた将校が家に現れたことがあった。家にはちょうど親戚の男が遊びに来ていた。

将校の話す言葉はわからなかったが、男二人に立てと命令していることは仕草でわかった。親戚の男も別の炭鉱事故で足が不自由だった。

母親は「この人たちは駄目なんです。立てません」と言っても、通じなかった。

二人は銃を突きつけられて、必死で立ち上がった。父親は何とか立ち上がることができたが、親戚の男は壁にもたれて立つのがやっとで、足が細かく震えていた。将校も二人の状態がわかり、「座れ」と命じた。

将校は、父親のしていた腕時計に目をとめた。炭鉱で働いているときに、働きが認めれてもらった時計だった。

こちらに寄こすように将校が命令すると、父親は嫌だと首を振った。

「これは駄目だ」

将校は銃を突きつけた。父親はかたくなに首を振った。

「あんた、命が大事。そんなものはやれ、やれ」

母親が必死で懇願し、父親はしぶしぶ時計を外した。


周りからどんどん顔見知りが減っていった。日本人は引き揚げ船で帰国していったのだ。引き揚げ該当者に含まれない朝鮮半島出身の人間が島を出るには、大泊《おおどまり》（現コルサコフ）から出る密航船に乗るしかなかった。密航船は危険が伴い、船が転覆して死んでしまったり、朝鮮に着いたものの連れ戻されたという噂が伝わってきた。父親は「身体の不自由な自分

奉獻
皇紀二千六百年記念

が故郷に帰るのは不可能だ」と悲しそうな顔をした。

父親の身体は回復せず、毎日家の中で黙って座っているだけだった。ソビエトとなってから一度も働いたことがないので、社会保障を受けることもできなかった。

公用語はロシア語であり、父親に代わって母親が働こうにも言葉が通じない。一家は、塘路からユジノサハリンスクに移り住み、酒を作って売ることにした。日本統治時代から残された朝鮮人のほか、ロシア系朝鮮人、のちに北朝鮮となる朝鮮半島北部の労働者がサハリンにやってきていた。朝鮮風濁酒《どぶろく》の需要はあったのだ。

ユジノサハリンスクに移り住んで、二、三年後、一九五一年のことだった。

制服を着た白人が家に上がり込んできた。警察だった。警察官は、家の中をいきなり調べはじめると、一升瓶に入った酒を見つけた。酒を造ることは禁止されている。警察まで来いと母親の手を引いた。

「牢屋に入るのは怖いよ」

母親は泣いた。そして、隙を見つけて農薬を飲んで命を絶った。北朝鮮から来ていた労働者が母を密告したことがあとからわかった。

一番上の姉はすでに嫁に出ており、家には父親と六人の子供が残された。一番下の弟は三歳だった。

「お母さんが亡くなったとき、私は一一歳だった。それからしばらくは、野良犬みたいな生活よ。道路に売店があって、ウォッカやパンにチーズとかイクラを載せた軽食を売っていた。食べ残しを道ばたに捨てるでしょ。それを拾って食べていた。伝染病とかがなかったから良かった」

不憫に思った近所のロシア人が食べ物を分けてくれたこともあった。

「隣に住んでいたバーバちゃんがね、子供たちが死んでしまうと心配してくれて、買ってきた黒パンを半分くれた。たぶん自分たちもお腹が減っていたと思う。でも、お腹いっぱいだからと言って、半分くれた。それを家族で分けて、水を飲んでいた」

サハリンの冬は厳しい。一月、二月には零下一〇度を下回る。

「夏に炭が必要になるのは、ご飯を炊くときぐらい。でも冬のために夏から炭を拾わないといけなかった」

身体の不自由な父親に代わって、炭を集めるのは自分たちの仕事だと文さんは考えていた。藁むしろを二つ折りにして作った袋を持って、運搬するときに地面にこぼれた炭を拾って歩いた。

拾うだけでは足りず、夜中に石炭場に忍び込んだこともあった。炭を袋に詰めているところを見つかり、つまみ上げられて門の外に放り投げられた。

それでも文さんはめげなかった。翌日も同じ石炭場に潜り込んだ。

石炭場の風呂場で働くロシア人がいた。毎日炭を拾いに来る文さんをかわいそうに思ったのだろう。「こっちに来い」と小声で呼んだ。人気のないところに連れて行き、スコップで炭を袋の中にたっぷり入れてくれた。

「誰にも言うなよ」

男は人差し指を唇に当てた。

袋にいっぱいの炭を持ち帰るのは大変だった。後ろから引っ張られているかと思うほどの重さだった。ゆっくり歩いて家に着いたときはへとへとになっていた。

ソビエトでは、一六歳になると身分証明書が発行され、働くことができる。きょうだいは順番に二歳ずつ年を誤魔化して、身分証明書を手に入れて働いた。二番目の姉は洋裁が得意で、ミシンでベッドシーツなど様々なものを作ることができた。姉の賃金が入るようになり、一家の生活は少し楽になった。

文さんも一四歳から煉瓦工場で働きはじめた。焼き上がった煉瓦を乾燥させるために棚に載せるのが仕事だった。煉瓦一個が四キロ。アコーディオンを持つように八個を両手で挟んで持ち上げた。

「埃がすごかった。マスクなんかないよ。スカーフで口のところを縛って働いてたよ。ロシア人に、『お前、こんな子供が何をやっているんだ』と注意されたことがあった。子供がこんな重いものをもったら駄目だと。でも、私はきょうだいで一番力があった。七〇キログらいの芋の袋をかつぐこともできた。よく〝男みっけ〟と呼ばれたものよ」

男みっけとは、男みたいだという意味である。

文さんは夜学の高校に通い、働きながら通信制の大学を卒業。地質調査の仕事についた。三二歳のとき、同じ朝鮮半島出身の機関士と結婚。夫の父親もまた炭鉱で働いており、戦後ソビエト政府から森林の伐採に回されたという。川に材木を流して運んでいるときに、

Баркин Т.

今日は試験だったんだ。将来は宇宙飛行士になりたい。

水に落ちて命を落とした。奇しくも、文さんの母親がなくなったのと同じ五一年だった。やはり、同じように二歳年齢を誤魔化して働き、学校に通ったという過去があった。

文さんの父親はずっと故郷に帰ることを夢見ていた。

ラジオから韓国人の名前が流れてきたことがあった。ロシア語なので、父親は話の内容を理解できなかったが、友達の名前に似ていたという。友達の身に何か起こったのだろうか。もしかして韓国に帰り着いたのか。友達の顔が浮かんできて、その夜は眠れなかった。

「韓国に帰れるならば、すべてを捨ててもいい。下着一枚で歩いて帰ってもいい」と父親は泣いていた。

父親の希望が叶う可能性は低かった。

朝鮮半島を巡って、アメリカとソビエトが綱引きをしていた。

第二次世界大戦のあと、四八年に半島南部でアメリカの支持を得た李承晩が大韓民国の成立を宣言すると、北部ではソビエトの支援を受けた金日成が朝鮮民主主義人民共和国を設立。北緯三八度を挟んで、朝鮮半島は二つに分断された。

サハリンに残された朝鮮半島出身の人間が国籍を選ぶとすれば、ソビエト連邦か、ソビエトの支援する北朝鮮しかなかった。

文さんの父親の出身地は韓国に区分される。北朝鮮の国籍を取れば故郷に入れないだろうと考え、無国籍を選んだ。韓国は戦争で経済が疲弊しており、サハリンに置き去りにされた同国人に手をさしのべる余裕はなかった。父親は、日本からも韓国からも見捨てられた存在だった。

父親が亡くなったのは七七年だった。亡くなる前、父親は火葬したら灰を海に流してほしいと頼んだ。

「灰になったら、行きたい場所に行ける。海を越えて韓国に行くつもりだ」

文さんは父親の灰を持って、できるだけ韓国に近い、南の海岸へ行った。波のない静かな海だった。朝鮮式の追悼をしたのち、故郷に帰りなさいと言って、父親の灰を流した。灰は暗い海の中にゆっくり広がっていった。

いま、サハリンは大きく変わりつつある。

石油、天然ガス開発が進み、島は豊かになった。ペレストロイカ以降、大型スーパーマーケットが増え、その多くは朝鮮系ロシア人が経営している。文さんの息子も成功者の一人、自動車関係の会社を経営している。

「ロシア人は酒ばっかり飲んでいるけれど、韓国人は真面目に働くからね」

息子たちは誰も朝鮮の言葉を理解しない。ほかの二世、三世と同じようにロシア文化の中で育ち、ロシアに愛着を感じている。

しかし、自分にはロシア人という意識はない。

近い将来、妹と二人で韓国に住むことを考えている。妹とは、山を越えるときに姉の身体にしがみついて足が曲がってしまった花子さんである。

花子さんの息子は一〇年前に韓国に移り住み、韓国人と結婚した。花子さんが孫たちと

暮らしたいというので、付き添って韓国に行くつもりだ。永住するかどうかはまだ決めていない。
少なくとも、この島に墓を作るつもりはない。
島の多くの墓が荒れ放題となっている。その多くはロシア人の墓だ。辺鄙なこの地から、本土に戻っていくロシア人は多い。春の雪溶け、あるいは夏の大雨で地盤が緩むと、土の中から棺が流されてくることもある。それを見ると無性に悲しくなる。死んでから子供たちに迷惑をかけたくないので、父親や夫と同じように灰を海に流してほしいと考えている。

文さんの話を聞いていて、ずっとぼくは引っかかっていた。
日本の悪口を、文さんは一切言わない。それどころか、日本の友人はいい人ばかりで、スポーツの国際大会などでは日本を応援しているのだと言う。日本人であるぼくに気を遣っているのだろうか。

日本の関わった戦争は、すべて侵略で間違いでしたと、頭を下げておけばいいという考えは無責任だと思う。勝ち目のない戦争にひたすら走った高級軍人はともかく、それでは国のためと信じて戦い亡くなった人びとが浮かばれない。戦争に勝ったアメリカがすべて正義であったはずはないし、敗戦国がすべて悪であったはずはない。

ただ、文さんの一家が過酷な人生を辿ることになったのは、日本のせいである。文さんの父親の無念は想像するだけで、胸が痛くなる。

「日本のことを恨んだことはないんですか」

話の途中からいつ尋ねようかとずっと考えていた。尋ねることができたのは、ようやく別れ際だった。

「私はないね。うちの父さんは亡くなるまで、日本政府を恨んでいたけど」

文さんは、にっこり笑った。

この強さは何なのだろうと、ぼくは思った。

KATHMANDU

WELCOME
YARN HAND SPINNING SECTION
WEAVING SECTION

SAKHALIN

第七章　楽園の人生…南大東島

ビリヤード
UCC

南大東島
2008 oct.

観光案内所という札は出ているものの、単なるプレハブ作りの小さな小屋だった。中には若い女の子が退屈そうな顔で机に座っていた。入場料八〇〇円を支払うと、カセットデッキと大きな懐中電灯を渡された。

少し歩いたところにコンクリートで固められた入り口があり、民家の勝手口のようなサッシ扉の上に、「星」「野」「洞」と石に彫られた文字が貼り付けられていた。まったく凄みを感じさせない入り口だった。

扉を開けると、長い下り坂になっていた。つきあたったところが鍾乳洞の始まりだった。薄暗い中、乳白色の鍾乳洞が一面に広がっていた。

上からつららのように無数の石のしずくが垂れていた。どれも形容しがたい形をしていた。映画『エイリアン』に出てくる異星生物を連想させる不思議な形をした鍾乳石。地球の裏側に別の世界が広がっていて、ここはその入口だと言われれば、信じてしまうだろう。

客はほかに誰もいない。そっと鍾乳石に触れると、ひんやりと冷たく湿っていた。

順路には番号が振ってあり、入り口で渡されたカセットデッキの再生ボタンを順番に押すようになっていた。

「みなさぁぁぁん――」

カセットデッキからは、毎回同じ呼びかけで説明が始まった。流れてくる女性の声は間延びしており、しつこく繰り返される「ということは――」という接続詞が耳に付いた。ガイドの声は素人っぽかったが、鍾乳洞はこれまで見たことのないほど素晴らしいものだった。

ふと沖縄本島の玉泉洞を思い出した。南城市の「おきなわワールド」というテーマパークにある鍾乳洞だ。

鍾乳石は地中から流れる石灰水がしたたり、少しずつ成長している。成長を止めないためには、乾燥させてはならない。ところが玉泉洞は多くの観光客が来るため、入り口からは外気が流れ込んでおり、入口付近の鍾乳石は乾いて変色していた。

玉泉洞では、鍾乳洞の保存よりも土産物販売に力を入れているようだった。修学旅行生をはじめとした観光客に媚を売り、陳腐な土産物が並ぶ那覇の国際通りと何ら変わらなかった。

これほど美しい鍾乳洞が素朴な形で残されている、この南大東島は観光業という陳腐化から免れていた。

ここに開発業者が手を出さないのには理由がある。島の周囲は怪物のような形をした鋭く尖った黒い岩で囲まれている。南大東島で泳げば、たちまち強い波にさらわれ、岩にぶつけられて血まみれになるだろう。海水浴ができるビーチがないため観光価値がないのだ。

今も、那覇から一二時間かけて到着する船『だいとう』は、波が強く船が安定しないため、タラップで船と陸をつなぐことができない。岸壁から少し離れたところに停泊し、乗客は荷物と同じように鉄籠の中に入り、クレーンで吊るされて上陸する。

沖縄本島の人間でさえも南大東島に行ったことのある人間は少ない。南大東島のテレビニュースは小笠原諸島と同じ電波を流用しているので、東京都と同じ番組が映る。沖縄本島に近いが、現在も琉球文化圏に含まれない不思議な島なのだ。

南大東島の中心は、在所と呼ばれる地区である。村役場、気象台のほか、民宿やホテル、食堂、居酒屋が固まっている。在所から少し離れて、サトウキビ畑の中を歩いて行くと、舗装した道が途切れる。土の細い道をさらに行くと新垣則夫さんの家に突き当たる。

新垣さんはバラエティ番組の貧乏自慢で取り上げられたこともある、島の有名人だ。

「ここは沼地だったんだ。昔は気味悪がって誰も近寄らなかった。電柱を埋めてその上に家を建てた。家の柱も電柱。ちょうど島の電柱がコンクリート製に替わるので、もらってきたんだ。戸は公民館や農協で使わなくなった物。サッシももらい物。ほかもそうだ。島で新しい家を建てると聞くと、古い家の建材をもらってくるんだ」

部屋の真ん中には工事現場の足場を組むときに使う鉄柱が床と天井のあいだに挟まっていた。理由を聞くと「邪魔だから柱を切ったら、天井が下がってきたんだよ。だから慌ててこれを入れたんだ」とのこと。

電信柱が剥きだしになった部屋の壁を埋め尽くすように、額に入った賞状やポスターが飾られている。奥の部屋は一段高くなっており、壁にずらりと三線が吊るされていた。

ここは新垣さんの自宅と『新垣則夫民謡研究所』を兼ねている。

新垣さんは久米島で生まれた。一七歳ぐらいから沖縄芝居の一座に入り、沖縄本島のほか、八重山、与那国などを公演してまわった。沖縄芝居とは、沖縄の方言を使った大衆演劇である。沖縄出身者が多く住む、大阪や神奈川で公演したこともある。

「一座はだいたい、一二、三人。三線も弾くし、芝居もやる。客がさっぱり入らないこともあったよ。まったく儲からんね。食べるのが精一杯だった。四〇歳ぐらいまでそんな生活していたね。子供？　何人いるかな。五、六人。あちこちにいるからわからん」

新垣さんは愉快そうに笑った。

あとから家族に確かめると、子供は七人。ちなみに、みな母親は同じである。

「子供が生まれると、久米島の親のところに預けていた。あんまりたくさん子供ができて、もう預かれんと言うので、どさ回りに連れて行ったこともある」

一時は四〇以上あった沖縄芝居の劇団は、映画やテレビに押されて、一九六〇年ごろには衰退した。新垣さんも、劇団を辞めて沖縄市の民謡酒場で働き、司会や芝居、歌を歌って糊口《ここう》を凌いだ。久米島に一度戻ったあと、南大東島で働くことにした。

「ここには一人で来たよ。地元で失敗して、おれんようになったから」

というのは冗談で、南大東島は景気が良く、仕事があるだろうと思ったからだ。最初は農場に泊まり込みで働いていた。そのうちに島の人に頼まれて三線を教えるようになった。一人、二人と生徒が増えてきたので、稽古場が必要となり、沼地に家を建てたのだ。

「大雨が降って、床下ぎりぎりまで水につかったことがある。元々沼だから仕方がないな」

軒先から釣り糸を垂らすと、スッポンが釣れたのだと嬉しそうな顔をした。

今も、朝六時から一〇時と、昼寝のあとの一時から四時までは農場で牛の餌をやり、夜は民謡を教えている。

七二歳の新垣さんには失礼だが、暢気でいい加減な親父、いわば極楽とんぼである。世間一般の常識で見れば、そんな年で金もなくて、何をしているのだ――となるかもしれない。

則末

おばあちゃんの作った歌で
民謡グランプリをとりました。

しかし、新垣さんは実に幸せそうな顔で三線を弾く。

自由奔放に生きてきた人独特の、不思議な愛嬌がある。放っておけない雰囲気につられたのか、どさ回りに連れ回していた三女は、新垣さんのあとを追って島に住むようになった。この島は子供を育てやすいと思ったのだという。

その三女の娘、新垣さんにとって孫の瀬良垣美月さんは、一四歳。新垣則夫民謡研究所出身の民謡グループ『ボロジノ娘』の一員である。南大東島は、発見したロシア船の名をとって、欧州ではボロジノ島と呼ばれていた。

「生まれも育ちも南大東島です。幼稚園のときからタンバリンを叩いていて、小学校一年生で三線を始めました。孫ということで、ほかの生徒より厳しくされました」

毎日、学校から戻って夕食を取り、夕方六時から九時まで三線の練習。自分だけどうしてこんな生活をしなければならないのだろうと思ったこともある。それでもやめなかったのは、音楽が好きだったからだ。

ボロジノ娘では、ギターを担当。美月さんは普通よりも深く右腕でギターのフレットを抱える。三線のような音を出そうとギターを弾いていたら、自然とこの弾き方になったのだという。

ボロジノ娘は現在二代目となった。島には中学校までしかないので、沖縄本島の高校に進学すると、自動的にグループを抜けなければならない。

美月さんも来年には高校進学で島を離れる。本島の音楽に力を入れる学校に進学するつもりだ。

沖縄本島に行くことは楽しみでもあるし、怖くもある。この島の学校は一学年に一クラス、一九人しかいない。幼稚園から中学校まで同じクラスだった同級生は、みな別の高校に進学する予定である。毎日、男子生徒が列を作って自転車を漕いで通っている、この風景をもうすぐ見られなくなると思うと、急に寂しくなることがある。

南大東島にやってくるのは、日本人だけでない。

島で居酒屋を切り盛りするベレンさんは、フィリピンの首都マニラの南、アルバイ州の村で生まれた。レガスピ市にある大学を卒業後、ＮＧＯの事務所などで働いていた。

ベレンさんは、六人きょうだいの二番目として生まれた。長女として年下のきょうだいを学校に行かせるため、結婚せずに働いていた。学費が必要なくなったとき、「いい年なんだから、結婚しなさいよ。日本人でいい人がいる」と友人が電話してきた。ベレンさんは三四歳になっていた。

友人は南大東島のフィリピンパブで働いていた。同僚のフィリピン人女性が島の男性と結婚しており、その知り合いだという。

当時、ベレンさんには付き合っている男性がおり、日本人男性に興味はなかった。フィリピンまで会いに来るというので、とにかく会ってみることにした。

その男性を空港まで迎えに行き、一緒に食事することになった。一目でベレンさんは男性のことが気に入った。会ってすぐに、結婚して日本に行くことに決めた。

元祖
大東そば
2-2430

和食・寿し・海産物料理・その他
割烹 喜作
小・中宴会にご利用下さい

ところが両親は大反対だった。

付き合っている男性がいるではないか。どうしてわざわざ日本人と結婚しなければならないのか。両親が気にしたのは、この男性、中程次郎さんの年齢と結婚歴だった。

中程さんは五九歳、ベレンさんよりも二五歳年上だった。二度の結婚歴があり、二度目の妻とのあいだに四人の子供がいた。

「前の奥さんが戻ってきて、喧嘩になったらどうする？　子供は前の奥さんの味方をするだろう。言葉の通じない国でお前は一人ぼっちだ。誰も守ってくれる人はいない」

もっと怒ったのは祖母だった。祖母は第二次世界大戦中の日本軍に嫌悪感を持っていた。どんなに時間が経っても、日本人を許すことはできない。孫を日本人の嫁にするわけにはいかないと泣いた。

「私のことを大切にしてくれると言っている。仕事もしなくていい。四人の子供がいると言うけれど、三人は前の奥さんが連れてきた子供で、中程さんの子供は一人だけ。前の奥さんと子供は宮古島という少し離れた島に住んでいるから、顔を合わせることはない」

五九歳という年齢もベレンさんは気にならなかった。若ければ遊びに出かけたり、浮気もするだろう。あれくらいの年になれば、浮気はしない。私は幸せになるから大丈夫と三人を説得した。

中程さんと会った三カ月後、ベレンさんは仕事を整理して退職、南大東島に向かった。マニラまでバスで一二時間、マニラから台北、台北から那覇に飛んだ。那覇空港には中程さんが迎えに来ており、二人で南大東島に着いた。

あ、釣り行く？

居酒屋
ちょうちん

富士食堂
元祖
大東そば
2-2430

南大東島はフィリピンと同じように温暖な気候だった。そして人が親切だった。家の前を通りかかる老人は、異国で生活を始めたベレンさんを気遣って、「元気ね？」「大丈夫ね？」と毎日声をかけてくれた。

島に来て八カ月ほどは、家事をしてのんびり暮らしていた。しかし、しばらくすると、何もやることがないのは退屈になってきた。

ベレンさんが嫁いでくるのに合わせて、中程さんは一軒家を新築していた。二人だけの生活ならば、二階の部屋で事足りた。一階を改装すれば、飲食店を開けるはずだとベレンさんは考えた。元々働くのが好きだったのだ。

ベレンさんの考えに、まだ日本語を十分に話せないのに店ができるはずもないと、中程さんは反対した。

しかし、ベレンさんは引き下がらなかった。

中程さんは、沖縄本島の南部、具志頭村で生まれた。中学校卒業後、建設業など仕事を転々とした。若いときから身体を鍛えるのが好きで、ボディビルの大会に出場したことがある。その経験を見込まれて、米軍基地でコーチをしたこともあった。

「身長は小さいけれど、筋肉を見せれば納得してくれた。みんな、先生、先生と慕ってくれたよ」

ボディビルクラブが廃止されることになり、退職金として二〇〇〇ドルをもらった。そ

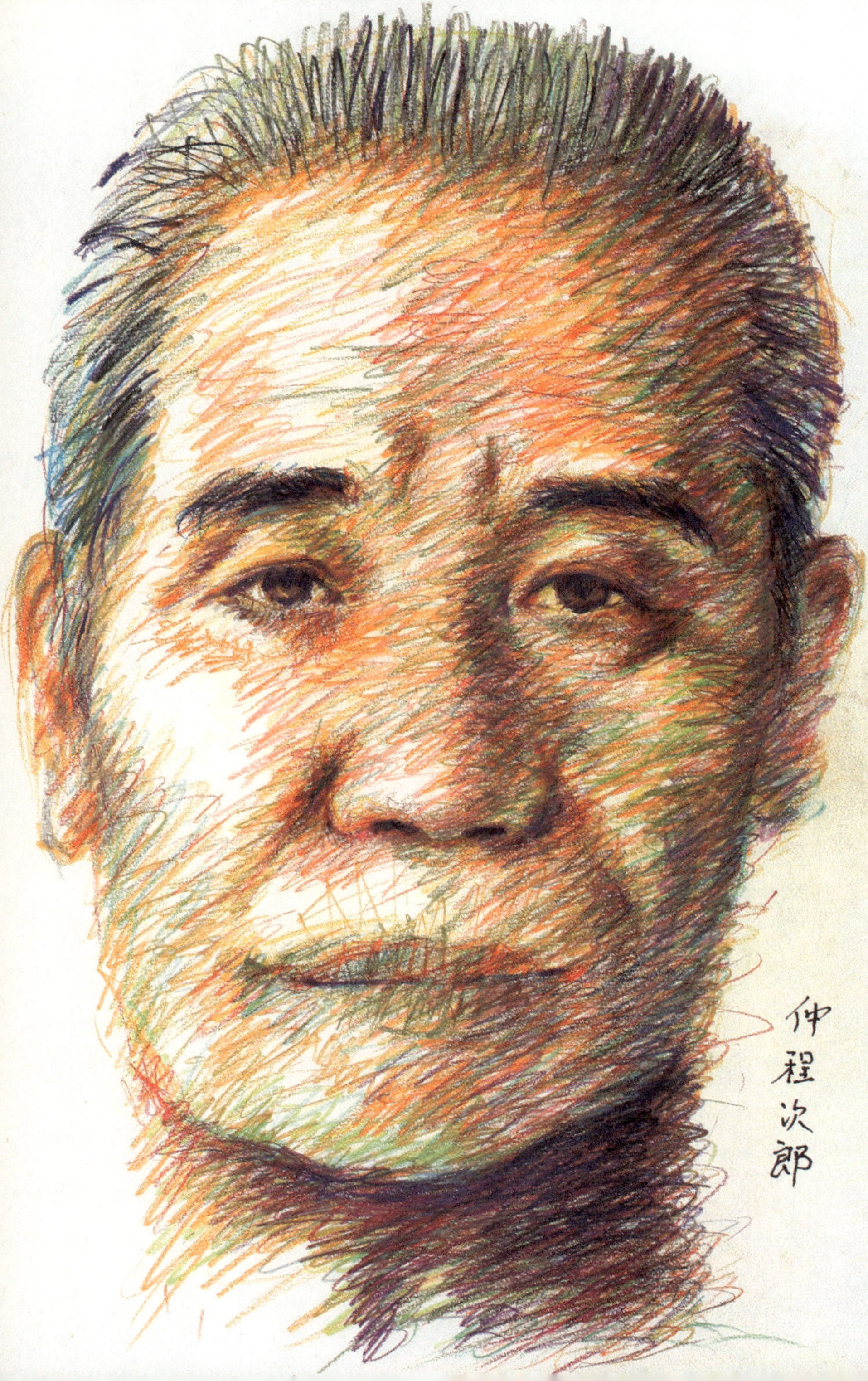
仲程次郎

の全額をギャンブルにつぎ込んだ。

「三〇〇〇ドル以上勝ったこともあった。でも、その後は仕組まれた。負けつづけて、一週間で七〇〇万円ほどの借金になった。これはどうにもならんと南大東島に引っ越してきたんだよ」

三八歳のときだった。南大東島には、雑貨屋を営んでいた姉がいた。

島の総面積三〇・五七キロ平方メートルのうち、約半分はサトウキビ畑である。島にはサトウキビを使った製糖工場がある。製糖工場で働きながら、昼夜アルバイトをして借金を返した。

定年後はベレンさんと一緒にゆっくりと時間を過ごすつもりだった中程さんは、ベレンさんに押し切られ居酒屋を開くことになった。

ベレンさんは、店の名前を中程さんの「次郎」にするつもりだった。男の名前をつけても客は入らない。絶対にお前の名前をつけるべきだと今度は中程さんが譲らなかった。そして店名は『ベレン』となった。

居酒屋ベレンは在所の外れ、新垣民謡研究所に行く途中のサトウキビ畑の前にある。入り口のアーチ型のひさしは、黄色と緑色で縁取られており、擦れた黒い文字でベレンと書かれている。店の前には、中程さんの体型を思わせるような、丈が低く太い幹の椰子が青々と葉を茂らせていた。

店の中は居酒屋風の作りになっており、壁には、「かつ丼」「たまご丼」「牛丼」「あんかけ肉ダンゴ」などメニューが書かれた木の札が並んでいる。

開店当初、日本語を話せないベレンさんは「くら」という銘柄の焼酎を頼まれて、「コーラ」を出したこともあった。厨房に入った中程さんが接客も手伝うことになった。そんなベレンさんに島の人はゆっくりと喋って日本語を教えた。

たまにベレンさんが台所に立ち、故郷のフィリピン料理を作ることもある。スパイスを常備できないのでメニューには入れていないが、唐辛子を使った辛い料理は好評である。

早いもので、店は一〇年を超えた。

フィリピンパブで働く女の子たちのほか、十数人のフィリピン女性が、島の日本人男性と結婚して住んでいる。彼女たちは何か困ったことがあるとアテ・ベレンに相談する。今では、ベレンさんのあだ名「アテ・ベレン」（ベレン姉さん）は、フィリピン人だけでなく島の日本人にも知られている。

ベレンさんはこの島を気に入っているが、いずれ中程さんを連れてフィリピンに帰るつもりである。そのために、マニラに家を建てた。

ベレンさんは言う。

「フィリピンならば月三万円で暮らせる」

二〇歳以上若い妻にしたがって、フィリピンに住むのも悪くない。若いときには、自分がフィリピンで暮らすなど夢にも思わなかった。人生とは不思議なものだと中程さんは思っている。

温暖な気候、美しい海、ゆったりとした時間の流れ。沖縄に憧れる人は多い。沖縄移住の本は何冊も発売されているが、実際に生活していくのは楽ではない。沖縄県の平均年収は全国最低、求人率も平均よりずいぶん下である。沖縄に憧れて暮らしはじめても生活が立ちゆかなくなり、本土に戻る人は少なくない。

そんな沖縄県の中で、南大東島は最も年収が高いことで知られている。農家の平均年収は一〇〇〇万円を超えるという。

「最近みんな飲まなくなりましたが、一〇年前までこの通りはもっと栄えていましたよ」と教えてくれたのは吉里英里子さんだ。吉里さんは、在所の中心で『ホテルよしざと』を経営している。

「料亭や飲み屋がたくさん並んでいたので、親不孝通りと呼ばれていました。部屋を貸し切って、床いっぱいにビール瓶を並べて飲みつづける人、袋いっぱいに入ったお金を持ち込んで、尽きるまで飲み屋から出なかった人など、色んな人がいたそうです。今も残っていますが、フィリピンパブがあって、そこの女の子と結婚した人もいました。嫁を見つけることができたから、ここは親孝行通りだなんて冗談で言ってましたね」

吉里さんは、一九七二年に島で生まれた。父親は中学生のときに久米島からこの島にやってきた。サトウキビ農家で働いていたがお金にならず、沖縄本島に出稼ぎに行った。そこで母親と知り合い結婚。母親も偶然、久米島生まれだった。

島で生まれた四人の姉妹は沖縄本島の叔母の家で育てられた。両親は、島で農業と飲食店を営んでおり、子供の面倒を見る時間はなかった。戦中生まれの父親は、教育を受けられなかったため、娘たちにしっかりと勉強してほしいとあえて本島に住まわせたのだ。

吉里さんは高校卒業後、大阪の旅行専門学校に進み、旅行会社に就職。

旅行の仕事に就いたのは、世界中の様々な場所に行ってみたかったからだ。しかし、旅行会社の仕事は、切符の手配等の事務作業がほとんどで、大阪にいることが多かった。どこかに行ってみたいという気持ちが募り、二三歳のときにＮＧＯ団体に応募、南太平洋の島バヌアツに向かった。

現地では、幼児教育プログラムを担当した。現地で話されているビシュラマ語を覚え、民族衣装を着て生活するようになった。すっかり溶け込んでしまい、日本から視察に来た人間に現地の人間と間違えられたこともあった。

幼児教育のほか、婦人会に呼ばれて料理を教えたこともあった。バヌアツではパパイヤは果物だった。沖縄では青いパパイヤは炒め物などに使い、おかずとなる。料理をしてみせると人びとは「美味しい」と驚いた。

帰国の日が近づいたので挨拶してまわると、「どこに帰るのだ」と不思議な顔をされた。バヌアツ生まれと勘違いされるほど馴染んでいたのだ。バヌアツを離れる日、「お前がいなくなると寂しくなる」とみなが集まって泣いた。

大阪で生活していた頃は、南大東島に帰る気はあまりなかった。バヌアツで生活するうちに、ここでも平気だったのだから南大東島に帰ってもやっていけるかなと思うようになっていた。

島に戻ったのは二七歳のとき。両親と一緒にホテルをやろうと準備していると、農業協

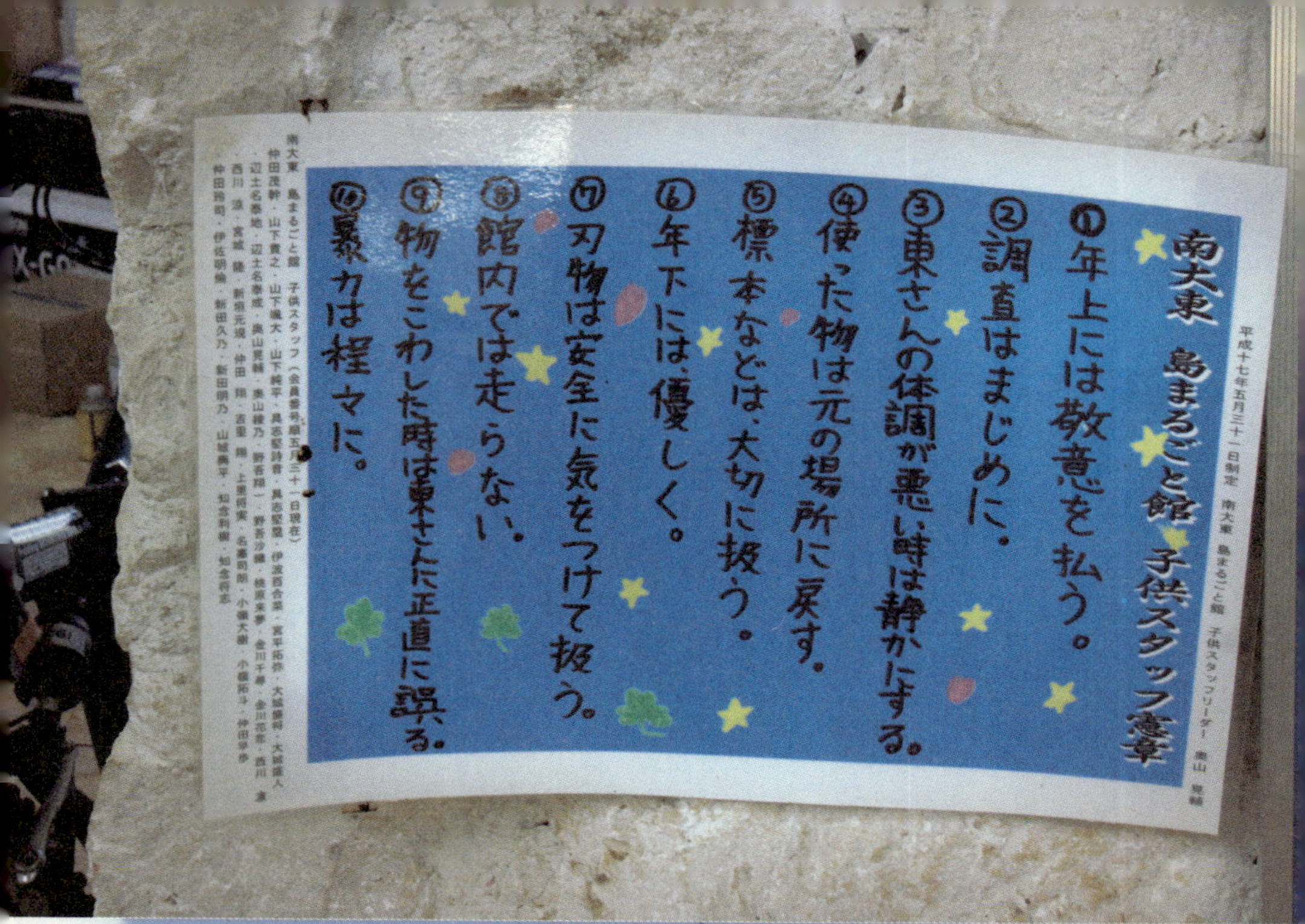
南大東 島まるごと館 子供スタッフ憲章
平成十七年五月三十一日制定　南大東島まるごと館　子供スタッフリーダー　奥山　晃輔
①年上には敬意を払う。
②調査はまじめに。
③東さんの体調が悪い時は静かにする。
④使った物は元の場所に戻す。
⑤標本などは、大切に扱う。
⑥年下には、優しく。
⑦刃物は安全に気をつけて扱う。
⑧館内では走らない。
⑨物をこわした時は東さんに正直に謝る。
⑩暴力は程々に。

居酒屋
ベレン
BELEN
TEL. 2-2351

同組合の建物を買わないかと持ちかけられた。

「最初は木造二階建ての建物だけでした。二〇〇〇年の南大東島開拓一〇〇周年祭に、秋篠宮夫妻がお見えになることになったんです。日帰りの予定だったんですが、殿下が島のオオコウモリをご覧になりたいというので、島に一泊しなければならなくなったんです。それで、新館を造ることになりました」

国から補助金は出なかったのですかと聞くと、「一切ないです。私が全部被りました」と大きな声で言った。

四人姉妹のうち、二番目の姉と吉里さんの二人が島に残っている。

「一番おしゃべりな私がホテルを継いだので、父親としては良かったんじゃないですか」

確かに、明るく前向きな吉里さんは経営者に向いている。

ホテルよしざとを出て、十字路を左に曲がったところに釣具屋がある。釣具屋を経営する沖山吉人さんの本職は農業である。

「釣具屋は女房が主にやっている。もっとも仕入れや修理は自分がやるけどね。趣味を兼ねてやっているよ」

沖山さんの祖父は八丈島から来た。

一八九九年、玉置半右衛門という男が、南大東島と隣の北大東島の二島を借り受けて開拓に乗り出した。八丈島出身の玉置は繊維業で財を成しており、未開拓の島に目をつけたのだ。

借り受け期間は三〇年。三〇年経過すれば、開拓した人間に土地を分割すると約束して人を集めたという。その多くが玉置の出身地、八丈島の人間だった。

ところが約束は守られなかった。一九一〇年に玉置が亡くなると、遺族は南北大東島の所有権と開拓事業を東洋製糖株式会社に売り渡した。

東洋製糖から大日本製糖株式会社へと所有主は変わったが、一企業が島の土地すべてを所有する状況は変わらなかった。一九三五年頃までは島の中だけで通用する兌換紙幣が発行されていたほど、日本とは別世界だった。

敗戦後、島はアメリカ軍統治に入った。琉球列島高等弁務官を務めていたポール・W・キャラウェイに島民が土地問題を訴え、六四年に土地所有が認められることになった。

南大東島の農家の収入が多いのは、この影響がある。一人当たりの耕地面積が広く、大規模農業が可能なのだ。

沖山さんの農地は、一〇ヘクタール、しつこいようだがあまり意味のない換算をすれば東京ドーム二つ分となる。

「サトウキビのほか、島唐辛子、パパイヤ、カボチャを作っている。一人ではとても手が回らないので、人を雇っているよ」

沖山さんは中学校まで島で過ごし、高校から沖縄本島に行った。卒業後、社会勉強のつもりで東京で働いたが、水が合わず島に戻ってきた。町役場で働きながら家業の農業を手伝った。八年前に役場を退職し、家業に専念している。

子供は三人いて、一人はすでに社会人となって九州の電機会社に勤めている。息子とは三〇歳になる前に島に戻ってこないかという話がしばしば出るようになった。

村吉茜「CD発売記念」
バースデーコンサート
久米島からでた
一輪の美童の花は
人の心に今咲きほこる
2008年9月13日(土)
時　間：開場18：00/開演18：30
会　場：沖縄市民会館（中ホール）
入場料：前売2,000円/当日2,500円
当日は特別出演で豪華ゲストをお迎えいたします
【飾扉】新垣則夫　【司会】南城ゆり　【ゲスト】金城実　【ゲスト】綾辺愛子　【ゲスト】ボロジノ娘
村吉茜が、9月13日20歳の誕生日に13曲入りのアルバム「美童の花」を発売。
アルバム発売を記念し、「CD発売記念」バースデーコンサートを開催致します。
第1回　普久原
平成17年　3月13日
第一回受賞者★喜納昌永・山内昌徳・山里ユキ
チコンキーふくばる
島挙げ「青春」後押し
平成17年12月13日沖縄タイムス夕刊掲載

跡継ぎのためにも島の農業をもっと魅力的なものにしたいと考えている。今、力を入れているのは、パパイヤとカボチャの栽培だ。南大東島は年間を通して温暖なため、ほかの産地と違った時期に出荷できる。物流の発達も島の農業を助けた。送料は多少嵩むが、沖縄よりも東京の太田市場に送った方が利益が出るのだ。今ではカボチャの生産の七割は東京に送っている。

「カボチャの取引で東京と付き合いが出来た。その関係でパパイヤを扱ってもらうようになった。ナーベラーなど東京で食べられていないけれど、美味しい野菜がある。まだまだ可能性はあると思っているよ」

ナーベラーは、沖縄料理によく使われるヘチマだ。

沖山さんと出会ったのは、釣具屋から歩いてすぐの居酒屋『ちょうちん』で飲んでいたときだった。

ちょうちんの焼酎ロックは豪快だ。中生ビール用の分厚い硝子のジョッキに、氷を山盛り入れて一升瓶から泡盛を注ぎ込む。店のお勧めはナワキリと呼ばれる深海魚だ。縄を切るほど鋭い歯をしていることから、そう呼ばれているという。淡泊な白身は、刺身のほか味噌汁でも美味だった。

店の壁には何枚もの魚拓が貼ってある。中には沖山さんが釣り上げた巨大なバショウカ

この島のいいところ― 酒が旨いことかな。

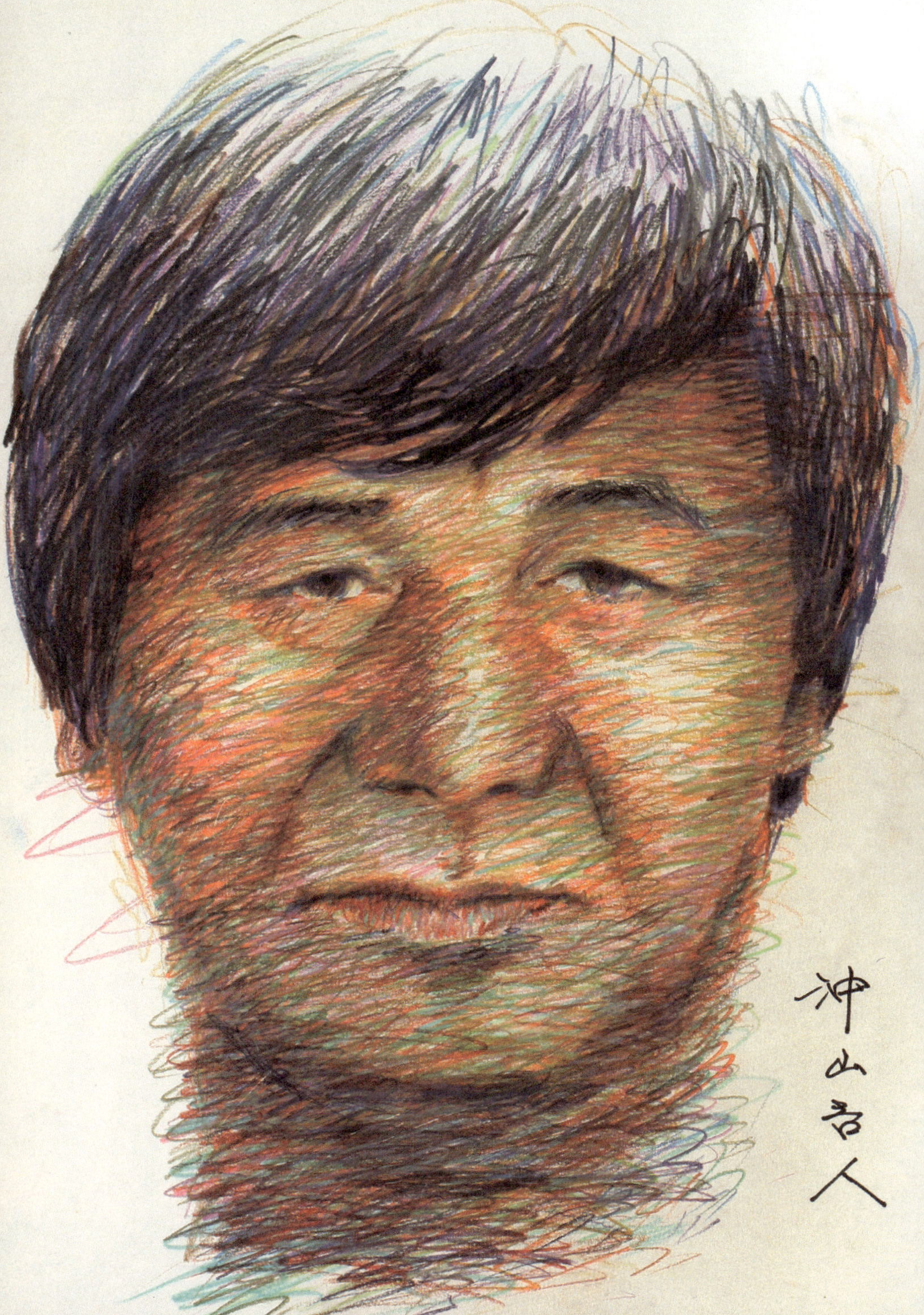
冲山吾人

ジキの魚拓もあった。沖山さんの軽自動車の後部座席には常に釣り竿が置いてある。時間ができると、海で釣りをしているのだという。

全長四七センチと書かれたオキアジの魚拓の下には、〈来客の皆様　私が釣ったオキアジより大きい釣果の場合、当店から島酒（泡盛）を一本サービスします〉と貼り紙がしてあった。このオキアジを釣り上げたちょうちんの店主、喜友名康栄さんは沖山さんの釣り仲間である。

島を離れる当日の朝八時、喜友名さんと釣りに行くことになった。前日、沖山さんが釣りに連れて行ってくれたのだが、絵描きの下田が一匹釣り上げただけだった。その魚をちょうちんに持ち込み、塩煮にしてもらった。水と塩と酒だけで、上品な味となることを知った。なみなみと注がれた泡盛でぼくはすっかり気持ちが良くなっていた。

「俺が連れていけば、もっと釣れる」

という陽気な店主の言葉で朝から出かけることになったのだ。夜明けはしばらく曇っていたが、すぐに太陽が顔を出し、青い空が広がった。

自信満々の喜友名さんが釣り場に選んだのは、島の最北端に位置する北港だった。到着して軽自動車の後部扉を開けると、「ああっ」と素っ頓狂な声を上げた。

持ってきた竿が二本とも折れていたのだ。仕方ないとぼやきながら喜友名さんは、比較的長さがあるほうの竿に餌をつけて、海の中に放り込んだ。

青い青い海。透き通った水の中に魚群が見えた。

喜友名さんは、一九四五年生まれの六三歳。生まれた三日後に、アメリカ軍が沖縄に上陸してきたという。二歳のときに家族で南大東島に移り住み、中学まで島で過ごした。那覇で板前の修業に出て、軍関係のレストランやホテルで働いた。

同じように料理人をしている兄が店を開くというので、手伝うため島へ戻ってきた。しばらくしてから独立し、ちょうちんを始めた。もう一〇年になる。

二人の息子、一人の娘は沖縄本島に住んでいる。沖縄本島で居酒屋を経営する上の息子にこの店を継いでほしいが、逆にもう引退して本島にやって来いと言われている。

先日も息子に会いに行ってきた。もっとゆっくりすればいいと引き止められながら、二泊三日で戻ってきた。本島にいると退屈してしまうのだ。この島は何もないという人の気持ちがわからない。昼と夜に店を開けて、空き時間に釣りをする。こんなに楽しいことはない。

「餌代を考えれば赤字のときもあるさ。二月、三月はすごく釣れる。一人で一〇〇匹以上のオキアジを釣り上げたこともあるよ」

店の貼り紙のことを聞くと「たまに来るよ。あれよりも大きなオキアジを釣ったって客が」と笑った。

気がつくと港に同じような軽自動車が何台も停まっていた。隣の車の座席には、二匹の犬が座っていた。暖かな空気に包まれていると眠たくなってきたのか、半分瞼を閉じていた。ぼくも同じ気持ちだった。

「来た」

喜友名さんが竿を引っ張った。

「大きいぞ」

そういいながら竿を上げると、ボキッという音がして途中で折れた。喜友名さんは慌てて、先の竿を掴んだ。幸い、魚は逃げていなかった。割り箸ほどの釣り竿を必死で持っている喜友名さんを見ると、笑いがこみ上げてきた。

「これじゃ、釣り上げられないから岸の方に放り投げるか」

魚を拾い上げるのはぼくの役割のようだった。

「いくぞ。足場に気をつけろ。滑りやすいからな」

喜友名さんが釣り糸を掴んで、魚を岩場に打ち上げた。ぼくは急いで降りていき魚を掴んだ。鮮やかな青色をした魚がぴちぴち跳ねた。

「捕ったぞ」

ぼくは叫んだ。

この島に住む多くの人は、世間的には人生で成功を積み重ねた人でないかもしれない。昼間は仕事をして、合間に釣り糸を垂らす。夜になると島酒を飲んで心地よく酔っぱらう。問題もたくさんあるだろうが、楽しそうだ。

肩の力を抜いて、楽に生きることも悪くない。南大東の風はそう語りかけていた。

第八章　ヒマラヤの向こう側…ダラムサラ

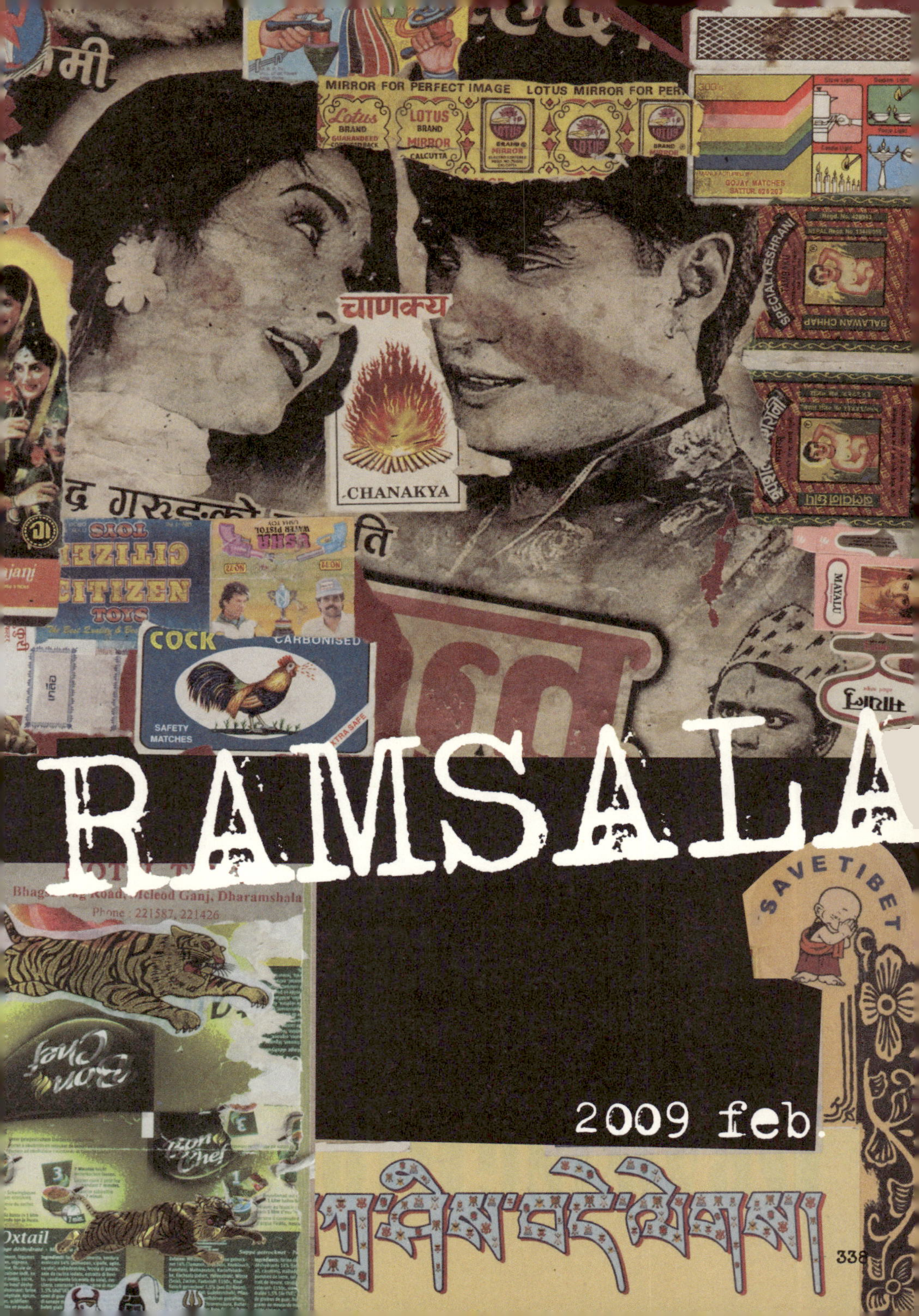
MIRROR FOR PERFECT IMAGE
LOTUS MIRROR FOR PER
चाणक्य
CHANAKYA
SPECIAL KESHRANI
BALAWAN CHHAP
CITIZEN
TOYS
COCK
CARBONISED
SAFETY MATCHES
XTRA SAFE
MAYALU
RAMSALA
Phone : 221587, 221426
SAVE TIBET
2009 feb.
338

BHARAT PLASTIC INDUSTRIES
Main Square, Mcleodganj, Upper Dharamsala -
HOTEL TIBET
HOTEL TIBET
DHARAMSALA (H.P.)
DHA

インドの首都デリーの中心地、インド門に近い安宿は、一見すると民家と区別がつかなかった。コンクリート造りの一階には、ダライ・ラマ法王一四世の写真が飾られていた。経営者はチベット人、客のほとんどもチベット人のようだった。目立たない場所にもかかわらず訪れてくる客は多く、チベット人のネットワークがここにも張り巡らされていることがわかった。

宿で車を頼んで、ダラムサラに向かうことになった。デリーからダラムサラまでの飛行機は本数が少ないうえに日本から予約ができなかった。車で行けば五〇〇キロほどの距離に一二時間かかるが、飛行機よりもずっと安い。

やってきた車は、かなり旧式のランドクルーザーだった。

「この車は丈夫だ。なんと言ってもトヨタなんだぜ」

運転手はインド訛りの英語で言った。

チベット人地区に寄ってから、ダラムサラに向かうことになっていた。ところが、夕方に宿を出るとすぐに、デリーの渋滞にはまってしまった。

道の両側には屋台がせり出していた。カーキ色の僧衣を着た修行僧、ターバンを巻いたシーク教徒、色とりどりのサリーを着た女性など、様々な顔つきの人が歩道を歩いている。まるで人間の図鑑だった。

インドに来るのは三度目になる。一度目は二〇年前、ぼくが大学生のときだった。コルカタから入って、ガンジス川ほとりのヴァラナシーに向かった。ヴァラナシーでは楽器屋の二階に泊まり、シタールを習った。ローリングストーンズのブライアン・ジョーンズが

「黒く塗れ（Paint it black）」で弾いていた民族楽器である。当時のインド、特にコルカタは排気ガスと埃がひどかった。道を歩けば物乞いばかりで、落ち着かなかったことを覚えている。

それからしばらくインドとは縁がなかった。二度目にインドを訪れたのは二〇〇七年。経済発展を遂げるムンバイに行くことになった。

ムンバイの空港に着いた瞬間から香辛料がかすかに匂い、インドに戻って来たと感じた。街に近づくと、匂いは強くなった。

インド料理は、インドそのものだ。辛いものはより辛く、甘いものはより甘い。そしてその個性が一つの皿の中で調和している。ぼくの生まれた街の料理、素材の味を最大限に生かす薄味の京料理とは対極だ。大富豪と貧民、天才と無学な人、ヒンドゥー教とイスラム教、カースト制度、雑多な要素が入り交じってインドを形作っている。

人口約一一億二〇〇〇万人、二五歳以下の若年層が五四パーセントを占める、若く巨大な国に住むムンバイの若者たちは、自国の明るい未来を信じていた。

ＩＴ企業で働く三一歳の女性は、年収一〇〇〇万円、五〇人以上の部下を抱えていた。彼女はバンガロールとムンバイにマンションを所有していた。

「この国はまだまだ人口が増える。人が増えれば地価は上がる。上がったときに売るわ」

彼女は自分の頭脳と努力でさらなる成功を掴めると信じていた。彼女と同年代の日本の友人の顔が浮かんだ。彼らは、同じように自信を持って将来を語ることはできるだろうか。今から三〇年以上前、日本もこんな感じだったのかもしれないと思った。

このあいだ、ダライ・ラマ法王に
頭を触ってもらったんだ。うれしかったよ。
もう少し触ってもらいたかったな。

チベット人地区を出てからも二時間近く渋滞が続いた。渋滞を抜けると、それまでの鬱憤を晴らすかのように運転手は飛ばしはじめた。

インドのトラックやバスの後部によく「ホーン・プリーズ」と書かれている理由を深く理解した。運転手はクラクションを鳴らしながら、車間距離ぎりぎりまで近づいてから追い抜いた。いくらトヨタ車でもぶつかれば命は危うい。日本では考えられない際どい運転が続いた。

うとうと眠っていると、つづら折りの山道に入っていた。一車線の道を右左に曲がりながら進んだ。車は激しく揺れ、十数秒おきに身体が扉に叩きつけられた。前をのぞき込むと、ヘッドライトだけが前方の土を照らしていた。闇の中、狭い道をかなりの速度で飛ばしているようだった。無事に到着するのを祈るしかなかった。

デリーの気温は三〇度を超え湿度は高かった。標高が上がると、急に気温が下がってきたので、長袖のシャツを羽織って、襟首を締めた。

ダラムサラに着いたのは朝五時だった。細い道の両側に建物がひしめいていた。赤いマニ車が並んでいる横を通り過ぎた。チベット寺だ。マニ車はチベット仏教で使われる円柱形の宗教具である。回すだけで読経と同じ功徳があると信じられている。窓を開けると乾いた冷気が入ってきた。

夜が明けてから街を歩いてみた。

標高約一二〇〇メートルにあるダラムサラの中心は、平行して走る二本の急な坂道である。そこに店がぎっしりと詰まっている。乾いた空気の中に、土埃と排気ガスが浮遊しており、少し歩いただけで鼻腔や口の中に細かな埃がへばりついているような気になった。

チベット人が経営するイタリアンレストランで隣り合わせたギャルツェンは、インターネットカフェで働いていた。この街は多くの外国人が訪れるため、インターネットカフェの需要は大きいのだという。

「ダラムサラは色々な問題を抱えている。チベットから逃げてきたチベット人は、中国政府に抑圧されていたこともあって、ここに理想を求めてやってくる。そして現実を知る。ダラムサラには仕事がないんだ。亡命政府で働く職員でさえ貧しい。月給は日本円で三万円程度しかない」

ダラムサラは、ダライ・ラマ一四世が居を構えており、チベット亡命政府もこの街に置かれている。チベット人はインドの好況の中で取り残されているようだった。

「インドの大学や大学院に行くチベット人もいる。有名大学に通い、成績が優秀ならばインドの大企業に入ることもできる。しかし、たいていはインド人が優先されて、チベット人は弾かれてしまう。ましてやチベットから来たばかりの若者は学歴がないから、仕事はない。それでも人は食べていかなければならない。そこで英語を覚えるんだ。一番簡単なのは、婚期を逃した外国人女性を捕まえることだ」

ギャルツェンによると、ドイツをはじめとした欧州、そして日本人をチベット人は狙うのだという。

「彼女たちを引っかけて、実際に結婚して欧州に行った人間は多い。ただ、相手も必死だ。若い男に逃げられないように、自分が出かけるときに食事を置いて、外から鍵をかけてお

LOSAR
SAY NO TO LOSAR
YOGA
MAKE A DIFFERENCE
50 Years of
KOREAN CAFE

くこともあるという。まるでペットだよ。窓から逃げ出したチベット人の話も聞いたことがある」

女と言えば、ぼくも外国人女性に人生を変えられてしまったんだと、ギャルツェンは頭を掻いた。

ギャルツェンは一九七七年にチベットのラサに近い小さな村で生まれた。九人きょうだいの四番目だった。父親は色々と商売をしていたが、どれもうまくいかず家は貧しかった。一三歳のとき、父親に連れられて兄とともに、雪山を越えてネパールのカトマンズに向かった。二人をカトマンズのチベット寺に預けたのち、父親はチベットに戻っていった。

五年後迎えに来た父親と三人でインド南部の寺へ行った。

一二年制の学校に入学し、英語やチベット語、歴史、哲学などを学ぶことになった。三〇〇〇から四〇〇〇人の僧侶がいた。毎日睡眠は三、四時間。食事が不足気味だったこともあり、ギャルツェンは体調を崩してしまった。

将来も不安だった。哲学以外の学問はあまり得意ではなかった。大学に進み学者となる道は難しそうだった。兄から「一所懸命勉強すれば大丈夫だ」と説得されたが、一年間休学してカトマンズで静養することにした。

唯一の財産だった本を友人たちに売ると二〇〇〇ルピーになった。その金を持ってカトマンズに向かった。ところが、静養どころかしばらくすると、金が尽きてしまった。仕方がなく、チベット寺の門を叩くことにした。

二年間修行したあと、二週間の休みをもらったギャルツェンは、長年の夢を叶えることにした。ダラムサラに行き、ダライ・ラマの法話を聞きたいとずっと考えていたのだ。

カトマンズからインド国境まではバス、インドに入ってから列車に乗り換えた。その列車の中で四〇歳のアメリカ人女性と知り合った。寺に通いチベット仏教を勉強しているという。彼女もまたダラムサラに向かっていた。

すし詰めの列車の中で、彼女はやたらと身体を押しつけてきた。脂肪がたるんだ身体は柔らかかった。脇の下からは蒸れた匂いがした。もう少し向こう側に寄ってくれればいいのにと思いながら、列車に揺られていた。

二人はダラムサラに近い、パタンコットという街で列車を降りた。バスに乗れば、ダラムサラまで数時間で到着できる。

「あなた疲れているでしょ」

「いや」

ギャルツェンは首を振った。このままダラムサラに行き、寺に泊まるもりだった。

「疲れているはずよ。ずっと混んでいた列車に乗っていたんだから」

必要以上に狭かったのは、この女のせいだったと思いながらも「大丈夫。このままダラムサラ行きのバスに乗ります」と答えた。

「食事だけでも付き合ってよ」

押し切られる形で街のレストランに向かうことになった。食事をしていると日が暮れて

h is Mutually Benefical
tion.
Courtesy by-Tibetan Shop

きた。

「この街のホテルに予約をしているのよ。一人泊まるのも二人泊まるのも同じ。この街に一泊して、明日朝一番のバスでダラムサラに向かえばいいじゃない。それでダライ・ラマ法王の法話には間に合うでしょ」

「ええ、まあ」

「じゃ、決まり。今日は一緒に泊まりましょう」

彼女が予約していたのは、街の中心にあるこじんまりとしたホテルだった。部屋に入ると、ベッドが二つあった。

ギャルツェンがバスルームでシャワーを浴びて出てくると、ベッドの位置が変わっていた。離れて置かれていた二つのベッドがくっつけられていたのだ。

女はタオルを腰に巻いただけの姿でベッドにうつぶせになっていた。

「凝っているみたい。ちょっとマッサージをしてくれない？」

仕方なく、彼女の隣に座った。

「どこをマッサージすればいいですか」

下を向いたまま、彼女は背中を指さした。ギャルツェンは彼女の上にまたがって、背中を押した。

「いいわ」

鼻にかかったような声をあげた。

「もう少し、上よ」

ギャルツェンが肩の下を力を入れて押していると、突然の手が伸びてきた。そしてギャルツェンの手首を掴むと、自分の乳房に持っていった。

それからしばらくギャルツェンは記憶がない。

目を開けると、脱ぎ捨てられたえんじ色の僧衣が見えた。終わったなと思った。チベット僧は、性行を禁じられている。僧侶にしたいと危険を冒してカトマンズまで連れてきてくれた父親のことを考えると、涙が出てきた。

「ぼくはもう生きていくことができない」

両手で顔を覆ったギャルツェンを女は抱きしめた。

「あなたは何も心配しなくていいのよ。新しい人生が始まるの。一、二年したら、私があなたをアメリカに連れて行ってあげるから」

「アメリカ?」

「そう。アメリカ国籍も申請してあげる。アメリカで働けばいいわ」

夜が明けると、ギャルツェンは彼女に衣服を買ってきてくれるように頼んだ。もはや自分は僧衣を着れない。近くの屋台で彼女は半ズボンを買ってきてくれた。

そして、ダラムサラに向かう彼女を見送った。戒律を破ったので、ダライ・ラマ法王に合わせる顔がなかった。彼女はギャルツェンがしばらく街に滞在できるようにホテル代を前払いし、さらに三〇〇〇ルピーを渡した。

一人になると街をひたすら歩き回った。自分は輪廻から解脱できなくなったと思うと暗い気持ちになった。寺で拝んでみたものの気は晴れなかった。カトマンズに戻ったのは、一カ月後のことだった。

彼女に教えられたホテルに行ってみると、不在だった。受付の男は「隣のレストランで食事しているはずだ」と教えてくれた。

レストランでは、彼女と見知らぬ男が一緒に食事をしていた。彼女は男にギャルツェンをチベット僧の友人だと紹介した。

男もまたチベット人だった。食事が終わり、彼女の部屋に行くことになった。

「私はギャルツェンと一緒にベッドで寝ることにするわ。あなたは床で寝て」

男はそれを聞くと怒りはじめた。

「こいつは僧侶じゃないのか」

男はギャルツェンを指さした。彼女はこの男とも深い関係だった。二人は激しく互いを罵り合った。

「この子は私の新しい恋人なの。あんたは今すぐ消えて」

この言葉で、男は悪態をつきながら部屋から出て行った。

女はギャルツェンの頭を触りながら、性行為をするのが好きだった。分厚い掌で頭を撫でながら、大きな声を出した。髪の毛が生えてくると、剃ってくるように命じた。この女は自分のことが好きなのではなく、僧侶との行為に興奮しているのだと、ギャルツェンは思うようになった。ギャルツェンも女のことを好きではなかったが、アメリカ国籍のためだと割り切ることにした。

一緒に住むようになって六カ月ほどしたある日のことだ。ギャルツェンが、外出から戻

おいしいバター茶を入れる秘訣。
バター少なめ、塩ちょっと、牛乳多め。
バター入れすぎるなよ。

ると、部屋にあった彼女の荷物が全部消えていた。知人を当たっても行方はわからなかった。

仕方がなく、チベットにいる父親に連絡を取った。勝手に僧侶をやめたことに父親は激怒した。それでも父親たちはお金を集めてくれ、アメリカに働きに行くことになった。

帰国後、チベットで今の妻と知り合った。妻もまたチベット人である。二人は二〇〇五年からダラムサラで暮らしている。

今回ぼくがダラムサラに来たのは、チベット蜂起五〇周年法要が行われるからだ。

二〇〇八年三月にカトマンズへ行ってから、チベット人のことがずっと頭から離れなかった。カトマンズから戻ってすぐの四月に北京に行く機会があった。

北京はオリンピックの準備の真っ最中だった。中心地の王府井では地面が掘りかえされ、多くの建物が建設中だった。ナイキなど多国籍企業の巨大な広告が工事現場の鉄製の仕切りに描かれており、世界中の企業が中国を新たな市場として期待していることがよくわかった。

王府井だけでなく、広大な北京市内はどこも工事中だった。あちこちで高層マンションやオフィスビルが建設されていた。北京はむせ返るような金の匂いがした。日本円で数千万円は下らない高級外車をしばしば見かけた。この国の実力者と関係がある人間が所有しているのだろう、ナンバープレートをつけていないものもあった。

FREE
TIBET
WeB
GRAPHIC
DESIGN
COMPUTER
ACCESSORIES
INTERNET
PHONE
PHOTO STATE
स्वतन्त्र तिब्बत
FREE TIBET

一方、天安門広場の近くにさえ物乞いが座っていた。社会主義国家の中国では国民が篤く護られているので、資本主義国家と違って物乞いはいないという建前がある。観光客の目に付く場所、特に国家の象徴である天安門広場に物乞いがいることは、以前ならば考えられなかった。

空港に近い村の池には、不法投棄のゴミが溜まっていた。ゴミの中には、鉄くずや段ボールのほか、アスベスト、薬品のアンプルなどが含まれていた。個人が捨てているのではなく、業者が夜中に来て大量に捨てるのだという。村の役人には賄賂が流れており、見て見ぬふりをしていた。

池の魚は村人の貴重な食料だった。釣り上げた魚の色が以前と違って黒くなっていることに村人は気がついているが、本当に水が汚染されていれば魚は死ぬだろう。だからまだ大丈夫だと思うようにしているという。

池の周りには何種類もの嫌な匂いが入り混じり、ゴミ溜めにいる気分だ。白く濁った空の中、轟音を立てて飛行機が次々と、オリンピックに合わせて拡張された北京空港に降りていった。

北京の人びとは共産党政権を評価しておらず、オリンピック開催は迷惑だと考えていた。チベット問題などで世界中から痛くない腹を探られると感じているようだった。

ただ、ムスリムで欧州に近い顔つきをしたウイグル人の自治区、異なった宗教を持つチベット自治区のどちらも中国の一部であり、今は摩擦があるがいずれ収まるだろうと口を揃えた。世界の中心は中国であるという中華思想だった。

WESTERN UNION
MONEY TRANSFER
KUMAR'S CLINIC
WESTERN UNION
MONEY TRANSFER
CHANGE
MONEY
BEST RATES
Hotel Mount View
RESTAURANT
AYURVEDIC Treatment
RATES

共産党政権を嫌悪する彼らもまた、異文化や異民族に対する繊細さが欠けていた。中国人の多文化に対する捉え方は、すべての文化を中華思想で塗りつぶすという乱暴なものだ。その強烈な大陸的ダイナミズムが、万里の長城や紫禁城といった、小さな島国の人間には想像もつかない壮大な建築物を作り出してきたのかもしれない。カトマンズで会ったチベット人たちとは根本的なところで噛み合っていなかった。

ダラムサラの街角で、『チベタン・オリンピック』のステッカーを見つけた。北京オリンピックに対抗して、同じ時期にダラムサラでチベット人のオリンピックが行われたのだ。もっとも規模は比べものにならない。チベット人学校の生徒たちが参加する、運動会のようなものだった。ステッカーには大会の標語が記してあった。

〈One World, Many Dreams〉

北京オリンピックの標語〈One World, One Dream〉をもじったものだ。一つの世界であっても、違った夢があるはずだ。少なくとも中国人と同じ夢を見ることは難しい。チベット人の意見は正しい。

法要は三月八日から始まった。八時半から中央寺院で、ダライ・ラマ法王一四世が一九八九年のラサ蜂起で中国政府に殺された犠牲者への祈りを捧げることになっていた。八時に行くとすでに寺は人で埋まっていた。隣接したダライ・ラマ公邸から寺院までの道だけが空けられており、警備の人間が立っていた。

人混みをかき分けて、ダライ・ラマを近くから撮影できる場所までたどり着いた。望遠レンズを構えて公邸の入り口を見ていると、肩を叩かれた。

黒い口ひげを生やした小太りの男だった。

「頼みがあるんだ」

胸から下げたプレスパスを見せた。インドの報道陣のようだった。

「ダライ・ラマ法王と写真を撮ってほしいんだ」

「どういうこと？」

ぼくは聞き返した。言っていることがわからなかった。男は肩を組む仕草をすると、持っていたカメラを自分に向けてつき出した。

ダライ・ラマと肩を組んで記念撮影をするつもりなのか。

ダライ・ラマはノーベル平和賞を受けている。チベットからわざわざダライ・ラマに会いたい一心でヒマラヤを越えてくる人もいる。中国政府から目の敵にされているため、警備は厳しく近づけるはずがない。

男の目は真剣だった。ダライ・ラマと記念撮影をしたと、自慢したいのだろうか。男のカメラは、音を立てて指でフィルムを巻く旧式の安物だった。この時代遅れのカメラでダライ・ラマと一緒に写ろうとは……インド人恐るべし。

「わかった。お前が肩を組んだら、俺にカメラを渡してくれ」

ぼくは親指を立てた。

えんじ色の僧衣の上に橙色の布を羽織ったダライ・ラマが公邸から姿を現すと、一斉に

IBD
COMPUTER CENTER

TIBET
ONE PEOPLE
ONE NATION

シャッターの音がした。望遠レンズで覗くと、小銃を肩から掛けた男がダライ・ラマの前を歩いている。僧侶たちも取り囲んでいた。ダライ・ラマが片手を挙げると、人びとは嬉しそうに合掌して頭を下げた。眼鏡を掛けたダライ・ラマは穏やかな顔をしていた。宗教に関係ない外国人がダライ・ラマに好感を持つ理由がわかった。背中がすっと伸びた様から、毅然という言葉を思い浮かべた。身体から優しさと強さがにじみ出ていた。中国政府に飼い馴らされているであろう、北京のチベット寺の僧侶が観光客を見張るように狷介な鋭い目をしていたのとは大違いだった。

ダライ・ラマが近づくと身動きがとれなくなった。ダライ・ラマとともに大勢の人が動いていた。当然のことながら、男が望んだように、肩を組んで写真を撮ることはできなかった。

ダラムサラには八〇〇〇人以上のチベット人が住んでいる。その一人、ヤンモ・ツォは五人きょうだいの末娘として、チベットのアムドで生まれた。

ヤンモが生まれたとき、母親は体調を崩しており、病気がちだった。父親の商売がうまくいっていなかったこともあり、四歳になるとヤンモは養子として家から出された。養子先の家族は遊牧民で、学校に行かせてくれなかった。家族はヤンモに辛く当たり、一人だけ叱られることも多かった。ただ、息子の一人だけがヤンモの面倒をみてくれた。

一三歳のとき、母が亡くなったことを知らされた。父親には別の女性がおり、そのことを悩んで母親の体調が優れなかったという。母親の死後、父親はその女性と一緒に暮らすようになった。ヤンモは見捨てられたような気になった。そして、養父がチベット人男性と結婚させせようとしていることがわかった。まだ結婚したくないし、学校にも行きたい。ヤンモはチベットから逃げ出すことにした。

以前から計画を温めていた。

家族で唯一優しくしてくれる息子の友達がラサで車の運転手をしていた。ラサまで行けば、運転手が国境まで連れて行ってくれるはずだった。そのために祖父母からもらったお小遣いを貯めていたのだ。

二〇〇三年、一四歳のとき、計画を実行した。

家族には、ラサのポタラ宮殿を見に行くと言って家を出た。ラサの運転手は予定どおり国境まで連れて行ってくれた。そこから先はネパール人のガイドに頼んであるという。

国境近くの村でガイドと落ち合い、ガイド代として一〇〇〇元を支払った。ガイドのほか、二人のチベット僧と一緒に行動することになった。一人は三〇歳くらいの男で、もう一人はヤンモと同い年の尼僧だった。途中でジープに乗ることもあったが、ほとんどは歩いた。

森の中の洞窟に泊まったことがあった。ネパール人ガイドは「食料を探してくる」と出て行ったまま戻ってこなかった。ヤンモはクッキーを、二人の僧侶は干し肉を持っていたので、三人で分け合って飢えを凌いだ。ガイドが洞窟に戻ってきたのは、二日後のことだった。

日が昇ると歩きはじめ、夕方には宿泊する場所に着いたが何もなかった。いったいどこにいるのかさっぱり見当がつかなかった。またもやネパール人は食料を探してくると出か

けたまま帰ってこなかった。

今度は何も食べ物がなかった。のどが渇いたので、氷の固まりを口に入れた。渇きは収まったが今度は胃が痛くなった。うずくまって寝ていると、ガイドが戻ってきた。

翌日ようやく人の住んでいる村落に到着した。今度はガイドが豆のスープを持ってきた。ヤンモたちは久しぶりの食べ物を身体の中に入れることができた。ここまで着ていた厚手の服を脱いで、三人はネパールの民族衣装に着替えた。標高が下がり、ずいぶん暖かくなっていた。

三人はガイドに不信感を抱くようになっていた。

食料を探すと言って出かけるが、ほとんど帰ってこない。本当にカトマンズまで連れて行ってくれるのか。

村に着いて三日目の夜、扉をそっと叩く音がした。別のネパール人だった。

「お前たちのガイドは悪い奴だ。カトマンズまで連れて行く気はない。俺たちが連れて行ってやる」

男は少しチベット語を話した。

「金は?」

年上の僧侶が尋ねると「いくらあるんだ」と逆に返した。

ヤンモが持っていたお金をすべて渡すと、男は頷いた。三人のネパール人の若い男がやって来て、荷物を持つと一緒にバスに乗った。小さな村でバスを降り、連れて行かれた家で眠っていると、一人がヤンモを起こした。

「お前だけ別の家に泊まることになった」

すぐに荷物をまとめて付いてくるようにと言った。ヤンモは嫌な予感がした。

「絶対に行かない」

男が力ずくで抱きかかえようとしたので、ヤンモは泣き叫んだ。僧侶が起きて、男を引き離した。「私たちは一緒にいる」と僧侶が言うと、三人とも別の家屋に連れていかれ、トイレのような小さな部屋に閉じ込められてしまった。

ネパール人は食事を持ってくると、金を要求した。

「もうお金はない」

ヤンモは首を振った。本当に一銭もなかった。男は僧侶の腕時計を指さした。腕時計を渡して食べ物をもらうことにした。ずいぶんと高い食費だった。

ネパール人は、まず僧侶をカトマンズの難民収容センターに連れて行こうと提案した。僧侶があとで二人を迎えにくればいいと言うのだ。

どうしても僧侶を二人から引き離したいようだった。彼らの目的は幼いヤンモと尼僧を売り飛ばすことかもしれない。僧侶は「私たちは三人でないとここを出ない」と首を振った。

「ならば、ここにずっといるんだな」

男は冷たく言い放つと、鍵を閉めた。

二日目の午後、扉が開くと、子供連れの女が立っていた。

「金をくれれば助けてやるよ」

尼僧は「すぐに行こう」と立ち上がった。急いで靴を履き、そっと家を出ると必死で走った。「金、金」と叫んだが、女は子供がいたので追いかけることができなかった。無我夢中で数時間走っただろうか、大きな川に出た。後ろから声がした。振り返ると最初のネパール人ガイドが立っていた。

「俺たちはお前たちを助けに来たんだ。荷物も洋服もここにあるぞ」

男の顔を見ると無性に腹が立った。横にいた尼僧も同じ気持ちだったのだろう。転がっていた石を男たちに投げつけた。すると、男は石を掴み僧侶に殴りかかってきた。

「もうお前らには頼らない」

殴られても引き下がらない僧侶に男たちは諦めて車に戻った。

川を越えると、ボダナートからそう遠くないことがわかった。ボダナートは大きなチベット寺院のある街だ。一銭もないため、何回もバスから降ろされた。それでも、なんとかボダナートには着いた。しかし、ボダナートからたった六キロ離れたカトマンズにたどり着くまでずいぶん時間がかかることになった。途中でネパールの警察に捕まってしまったのだ。

名前を聞かれても、ヤンモはネパール語がわからなくて答えられなかった。中国で捕まることを考えれば、ネパールの警察は怖くなかった。三カ月拘留されたのち、チベット難民センターの人間が助け出してくれた。

「カトマンズに二週間滞在してから、ダラムサラに連れてきてもらった。ダラムサラのチベット人学校を卒業して、今は英語の勉強をしているの。語学学校で知り合った外国人女性が生活費を援助してくれているので、仕事はしていない。学校では色々な友達が出来たわ。私の写真を見た三〇歳のアメリカ人男性が、私と結婚したいと言ってきたのは困ったけど。だって顔も見たこともない人だもの」

目の前のヤンモは身長一六〇センチもない小さな女の子である。顔つきは幼く、高校生と言っても通るだろう。そんな二一歳のヤンモの辿ってきた人生は重い。

ヤンモは将来、歌手になりたいという。ときどきダムニェンという弦楽器を伴奏にチベットの歌を歌っている。最も得意な歌は「ニン・ダ・カル・スム」、「太陽、月、星、三つ」という意味だ。光が世界中を照らし、生けるものすべてが栄えることを祈る歌である。

別れ際に、ヤンモはこの歌を歌ってくれた。明るい旋律を歌うヤンモの声は、美しく切なかった。

南大東島

ビリヤード
ナインボール
2-2292
UCC COFFEE
ヤード

カラオケ ハウス
すずめの学校
UCC COFFEE
COFFEE
BOSS

居酒屋
ちょっちん

状
慶名千春殿
第一回琉球國
頭書の
めましたのでこれを
八月一日
民謡協会
金城 実
神谷幸一
仲井間宗保
新垣則夫
芸能生活50周年記念公演
親子リサイタル
出演
金城 実
山里ユキ
国吉真勇
神谷幸一
春 洋一
内里美香
琉MC
ボロジノ娘
司会
前川守賢
友情出演
大東太鼓碧会
南大東村婦人会
2007 8/19日
開場6:30
開演7:00
沖縄市民会館大ホール
有限会社キャンパス
CD 2007年8月2日発売
CD 2007年7月21日発売
新垣則夫
芸能生活

ストアー
うふあがり島
開拓
100周年
おじゃりやれ!
めんそーれ!
ITO EN
氷

ケンち
2306
南大東
マイバッグ推進!!

DHARAMSALA

H.H. The 14th Dalai Lama of Tibet

KINGFISHER
KINGFISHER
KINGFISHER
Restaurant Mc·Llo
SOUTH INDIAN ☆ INDIAN ☆ TIBETAN ☆ CHINESE ☆ CONTINENTAL FOOD
Baskin-Robbins
Ice Cream Parlour
Restaurant Mc·Llo
LG
Forex
MONEY EXCHANGE
Restaurant
Restaurant
Restaurant Mc·Llo
Restaurant Mc·Llo
Restaurant Mc·Llo
Forex
The Pastry Den
CAKES-N-BAKES
The Pastry Den
CAKES-N-BAKES
STD ISD PCO

Restaurant
WINE & BEER BAR
KINGFISHER
KINGFISHER
Good Food
Great Music
Xciting Times!
Dr. MOBILE
Funky Town
HOT SPOT
HOT SPOT
HOT SPOT
Glide Travels
देव भूमि
हिमाचल परिवहन
Himachal Road Transport Corporation Dharmshla
ASHOK LEYLAND

PROJECT: WAZIRABAD
BRIDGE PROJECT
CONST. OF APPROACHES
OVER RIVER YAMUNA
GAMMON INDIA LTD.

あとがき

ずっと、旅は一人でするものだと思っていた。

とくにバスの旅がいい。

窓の外に、橙色の太陽が地平線に沈んでいくのが見える。玄関先で夕涼みしている上半身裸の老人の影が長く伸びている。隣の家ではたなびく煙で食事の準備をしている。日が落ちてしまうと、外は真っ暗闇——窓硝子に映るのは、日に焼けた自分の顔だけだ。見知らぬ場所を一人で旅していると、五感が冴えてくる。目をつぶって、出会った人のことを思い出す。

一人きりで色んなことを考えているうちに、土地の空気がすっと自分の中に流れ込んでくるのだ。

ぼくはそんな旅をずっと続けてきた。

この本は、それとは違っている。

下田が絵を描き、ぼくが話を聞く。キューバでこの方法を始めた。

ハバナで絵を描かせてくれと頼むのはスペイン語を話すぼくの役目だった。

「この男は日本から来た絵描きだ。あなたを描きたいと言っている。少し時間をくれないか」

ほとんどの人は、絵を描くというと、へぇと興味を示してくる。いったい、どんな絵を描くんだと――。

下田がスケッチブックを広げて、これまで書いた絵を見せる。

「どれぐらいかかる?」

「四〇分から一時間半」

ぼくが答えると、相手は頷く。

下田が色鉛筆の入ったケースを広げ、そのうちの一本を掴む。白い画用紙に、叩きつけるように輪郭を描きはじめる。紫や橙といった、人の顔を描くにはそぐわない色ばかりだ。モデルは目を見開いて、固まっている。

「動いても大丈夫だよ」

そう声をかけると、ふうっと息を吐いて、柔らかい顔になるのだ。

自分がどんな風に描かれるのだろうと不安そうにしながら、ぼくに話しかけてくる。

ぼくたちは彼、彼女たちと自然に親しくなった。

とはいえ、絵を描かせてくれる相手を探すのは、そう簡単ではない。

第一に、下田が絵を描きたいと思った人間でなくてはならない。

あとがき

苦労したのは、リオ・デ・ジャネイロだ。

カーニバルの喧噪の中、時間をとってくれる人を探すのは無謀だった。カーニバル会場で声をかけても、みな準備に追われており、上の空だった。

終わったあとならば……となんとか引き受けてくれる女の子を探し当てた。ところが、翌日彼女の携帯電話は繋がらなかった。あんな楽しいカーニバルで、すべてを忘れてしまったのだろうと納得するしかなかった。

下田の色使いは、光の加減で変わってくる（ようだ）。太陽の光が落ちていき、絵を描いている下田が困惑した顔になったことがあった。強い太陽と、闇の差は大きい。

光線の具合を修正しつつ、描き終わったときには二時間近く経っていたこともあった。

時間がかかる分、描かれた人は、単に話をするよりもずっと、心を許してくれることに気がついた。

下田が空けた穴を、ぼくがこじ開ける。そうやってその土地に入り込むような感覚があった。

一人でなくても旅は面白いのだ。

またいつの日か、下田と世界を回る旅をする気がしている。

たぶん、其処は不便で、とびきり素敵な辺境だろう――。

二〇一〇年三月三一日　田崎健太

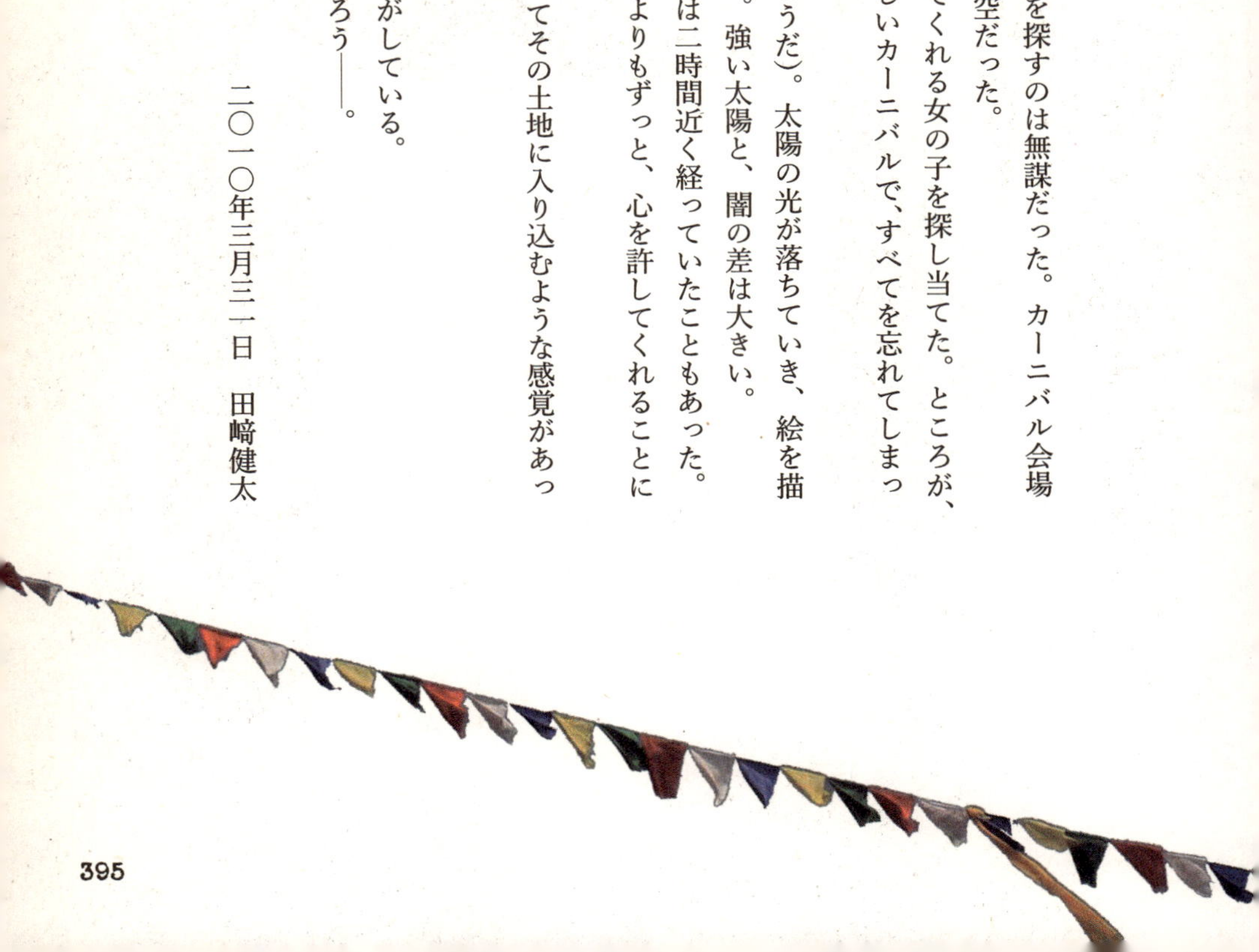

CACIQUE

田崎健太はわがままだ。
ときどき なんか怒ってる。
でも、ひとりで旅行してる時は きづかなかったけど、
たぶん 僕の方がわがままだ。

たぶん一人じゃ 行かないところにも たくさん行った。
たぶん一人じゃこんなに移動しない、
ってくらい アクティブな旅行もした。

誰かと旅行してると、
せかされたりして絵を描くこともある。
誰かと旅行してると、ときどき うしろにかくれたりして、
楽なときもある。

誰かと一緒に旅行するのは めんどうなときもあるけど、
一人じゃ起こらないことが起こる。

なんでこんなとこにいるんだろう？と、
何度か思った。

誰かと旅行するのも たまにはいい。

下田昌克

田﨑健太（たざき・けんた）

1968年、京都府生まれ。早稲田大学法学部卒業後、出版社に勤務。週刊誌編集部等を経て、退社しノンフィクションライターとして独立。サッカー、ハンドボール、野球などスポーツを中心にノンフィクションを手がける。

『cuba ユーウツな楽園』（アミューズブックス）、『楽天が巨人に勝つ日―スポーツビジネス下克上』（学習研究社）、『W杯に群がる男たち―巨大サッカービジネスの闇』（新潮社）など著書多数。

早稲田大学で非常勤講師として、スポーツジャーナリズム論の教鞭をとる。

公式サイト http://www.liberdade.com/

下田昌克（しもだ・まさかつ）
1967年、兵庫県生まれ。 明石高校美術科、桑沢デザイン研究所卒業。 94年から2年間、中国、チベット、ネパール、インド、ヨーロッパを放浪。旅先で出会った人びとのポートレートを描き始める。
帰国後本格的に絵描きとして活動を始め、この旅の日記と絵をまとめた『PRIVATE WORLD』（山と渓谷社）を発表。『バナナの密』（講談社）、『ヒマラヤの下 インドの上』（河出書房新社）などの旅行記のほか、絵本、雑誌、挿絵、CDジャケット、広告と活躍の場を広げている。
公式サイト http://www.701-creative.com/shimoda/

TUVALU
50c
1994
Es de jóvenes triunfar

辺境遊記

キューバ、リオ・デ・ジャネイロ、小笠原諸島、ツバル、カトマンズ、サハリン、南大東島、ダラムサラ

発行日　2010年4月22日 第1版 第1刷

文　田崎健太(たざき・けんた)
絵　下田昌克(しもだ・まさかつ)

発行人　原田英治
発　行　英治出版株式会社
〒150-0022 東京都渋谷区恵比寿南1-9-12 ピトレスクビル4F
Tel.03-5773-0193　Fax.03-5773-0194
http://www.eijipress.co.jp/

プロデューサー　大西美穂
スタッフ　原田涼子、鬼頭穣、高野達成、岩田大志、
藤竹賢一郎、デビッド・スターン、山下智也、
杉崎真名、百瀬沙穂、渡邉美紀、垣内麻由美

デザイン　山下リサ(niwa no niwa)
写真提供　太田真三(小学館)、田崎健太
印刷・製本　Eiji21, Inc., Korea

写真掲載許可(p358上, 363)
ダライ・ラマ法王日本代表部事務所
http://www.tibethouse.jp/

[検印廃止]ISBN978-4-86276-079-1　C0095